浙江文化艺术发展基金资助项目

PROJECTS SUPPORTED BY ZHEJIANG CULTURE AND ARTS DEVELOPMENT FUND

浙江文化
基因丛书

吴越◎主编

海天普陀

普陀文化基因

乐波　田宇◎编著

杭州出版社

图书在版编目（CIP）数据

海天普陀：普陀文化基因 / 乐波，田宇编著. —
杭州：杭州出版社，2025. 1. —（浙江文化基因丛书 /
吴越主编）. — ISBN 978-7-5565-2595-9

Ⅰ. G127.554

中国国家版本馆 CIP 数据核字第 2024SM5531 号

HAI TIAN PUTUO——PUTUO WENHUA JIYIN
海天普陀——普陀文化基因

乐波　田宇　编著

策　　划	屈　皓
责任编辑	邓景鸿
文字编辑	陆柏宇
装帧设计	王立超　屈　皓　魏君妮
美术编辑	卢晓明
责任印务	王立超
出版发行	杭州出版社（杭州市西湖文化广场 32 号 6 楼）
	电话：0571-87997719　邮政编码：310014
	网址：www.hzcbs.com
印　　刷	天津画中画印刷有限公司
经　　销	新华书店
开　　本	710mm×1000mm　1/16
印　　张	22.25
拉　　页	1
字　　数	320 千字
版 印 次	2025 年 1 月第 1 版　2025 年 1 月第 1 次印刷
书　　号	ISBN 978-7-5565-2595-9
定　　价	68.00 元

"浙江文化基因丛书"编委会

吴　越　叶志良　贾晓东　陈　明　孙　琳

沈　军　葛建民　缪存烈　乐　波　赵柯艳

王　俊　陆　莹　林华弟　章鹏华　盛雄生

陈贤敏　胡宏波　周　洁　胡凌凌　王军伟

柳虹羽　屈　皓　庄文新

（排名不分先后）

"浙江文化基因丛书"序

习近平总书记指出："支撑5000多年中华文明延绵至今的，是植根于中华民族血脉深处的文化基因。"① 浙江是中华文明的重要发源地之一，文化底蕴深厚，文化名人辈出。一叶红船从嘉兴南湖驶出，在时代浪潮中驭势而行；沿"唐诗之路"踏歌而行，千古诗篇回响在山水之间；还有良渚文化、宋韵文化、上山文化、黄帝文化、南孔文化、和合文化、阳明文化、丝瓷茶文化、古越文化、吴越文化……这些文化基因，共同铸就了浙江的"根"和"魂"。

2024年3月6日，浙江省文化广电和旅游厅印发《浙江省文化基因激活工程实施方案（2024—2026年）》，这是继2020年浙江省文化和旅游厅印发的《浙江省"文化基因解码工程"实施方案（试行）》《浙江省"文化基因解码工程"工作导则》和2021年8月浙江省文化和旅游厅印发的《建设文化标识推进文旅融合行动计划（2021—2025年）（试行）》之后，为更好担负起新时代新的文化使命，深入贯彻省委十五届四次全会部署，在全省实施的又一项文化基因重大工程。

---

① 习近平：《携手建设更加美好的世界》（2017年12月1日），人民出版社，2017年，第3页。

文化基因解码工程，是文化基因激活工程的坚实基础。文化基因，顾名思义，是指从文化形态切入，厘清其历史渊源、发展脉络、基本走向，从物质、精神、制度要素，语言和象征符号等进行分析、解码所提取的关键知识内核。文化基因解码，围绕中华优秀传统文化、革命文化和社会主义先进文化，按照3个主类、20多个亚类、约100个基本类型分别归档，确保历史年代、地理位置、流布范围等数据均记录在册，挖掘、研究、阐释优质"文化基因"，对全省文化资源进行全面梳理。这是一项集"查、解、评、用"于一体的综合性系统工程。全省开展90个县市区的文化基因解码任务，包括文化元素调查、文化基因解码评价、《文化基因解码报告》撰写、证据资料汇总保存建档等，并在此基础上建成"浙江文化基因库"。文化基因解码，起于"查"，终于"用"。"查"就是铺开"一张网"，广泛收集区域内的文化资源，作为"解"的对象。"解"重在找准四大要素，提取一组基因。四大要素是指物质要素（如原料、工具、环境等）、精神要素（如思想观念、群体性格等）、制度要素（如乡规民约、族规家规、礼节礼仪、表演技艺、创作技法等）、语言和象征符号（如方言、图形、标志、表情、动作、声音等）。通过对四大要素的分解梳理，遴选重点文化元素作为解码对象，从中提取出关键性的知识（技术）点。然后通过对选择的文化基因解码，从生命力、凝聚力、影响力、发展力四个维度进行质量评价。最终用基因塑造IP，以文旅IP开发作品、设计产品，以作品、产品点亮城市生活、赋能乡村振兴。浙江以文化基因为根、文旅融合IP为脉，打造了一条以城带乡、城乡互促的发展闭环，推动文化资源的"活化"利用，把解码成果与提高人民群众生活品质相结合,这就是"用"。以人文之美推动精神之富足,增强浙江高质量发展建设共同富裕示范区的文化自觉。

显然,文化基因是传承和创新的基石。文化基因作为一个社会文化系统的逻辑起点,是一个社会存在和进化、变革和发展的决定力量。文化基因解码就是要把社会文化系统中所表现出来的文化形态、思维方式、行动模式、礼仪符号、风俗习惯等加以还原,揭示其本初原因和底层逻辑。改革开放四十余年来,浙江出现了令人瞩目的"浙江现象",表现为快速的经济增长、蓬勃的发展活力、和谐的社会环境、显著的民生绩效。"浙江现象"源于浙江精神和浙江的文化基因。正确界定、充分挖掘浙江文化的内涵价值,解码浙江的文化基因,对于构建起有效支撑文化建设和旅游发展的"四梁八柱",推动文化建设和旅游发展各项指标持续名列全国前茅,着力建设新时代文化高地、中国最佳旅游目的地、全国文化和旅游融合发展样板地具有重要而深远的意义。

如何寻找突破口?各地在选"码"、解"码"、用"码"的整个闭环中,成立解码专项小组,构建"乡土专家+高校资源+系统人才"三方协作机制,高效推进解码工程。首批编辑出版的"浙江文化基因丛书"中汇集的富阳、南浔、南湖、绍兴、瑞安、平阳、苍南、普陀、岱山、嵊泗、定海、临海、南孔圣地、开化、常山、金华(经开区)、遂昌、云和、景宁、宁波江北等地的研究成果,正是在归纳总结、科学分析浙江文化基因的基础上,探索文化基因解码的方法和路径,同时从人类学、社会学的角度,运用现象学原理,在哲学层面进行解构、剖析,既有理论深度,又能方便应用。丛书勾勒出各地推进文化基因解码工程的概貌。成果本身的内容、方法、转化等，对各地都有很强的示范作用和借鉴意义。

可以说，"浙江文化基因丛书"中的成果，以浙江文化高质量发展为目标，以融合发展为重点，紧扣激活优秀文化基因，以文化基因的挖掘利用赋能文化事业和文旅产业发展，为我省文旅发展再上新台阶、为文化浙江建设贡献了力量。

叶志良
2024年秋于杭州

目 录

前言	001
传统木船制造技艺	003
沈家门渔港	015
普陀渔民画	027
蚂蚁岛人民公社	041
定海测候所	053
沈清故事	063
莲花洋和莲花岛	075
"里斯本丸"号营救	087
财伯公传说	099
《战士第二故乡》	109
接待寺	121
普陀佛茶	131
普陀水仙	149
舟山船拳	163
五匠技艺	177
安期生泼墨醉桃花传说	187
普陀海鲜传统加工技艺	197

观音传说	209
观音法界	223
紫竹林	237
普陀山三大寺	251
南海观音文化节和观音香会	265
普陀山三宝	279
普陀山摩崖石刻	295
普陀山诗词	311
普陀山楹联	325
"浙江文化基因丛书"后记	338

前　言

普陀，佛教《华严经》中"一朵美丽的小白花"之意。普陀南亘瓯闽，北接登莱，西通吴会，东临日本，素有"东海明珠"之称。普陀历史悠久、人文深厚，远在四千年前的新石器时代就有人类繁衍生息。追溯秦汉时的徐福、安期生、梅福及之后的众多名人，他们的足迹留在了普陀，也留下了丰富的人文景观和传说。历史的更迭与文化的承继为普陀这朵海中的"小白花"渲染上了美丽的色彩。

泱茫东海，葱茏普陀，哺育了古色古香、海味十足、独具魅力的区域文化基因。千帆云集的沈家门渔港在岁月的变迁中依旧包容开放，精巧朴实的造船技艺在海水的洗礼中乘风破浪，颜色斑斓充满渔家情趣的渔民画在历史的图纸上熠熠生辉，"艰苦创业、敢啃骨头、勇争一流"的蚂蚁岛精神在发展的征程中历久弥新。普陀山岛更是誉称"海天佛国""震旦第一佛国""海外仙山"，是我国佛教观音菩萨的道场。每一处古迹、每一门技艺、每一笔色彩、每一个音符、每一段传说，这些丰富多彩的文化资源蕴含着普陀独特的文化基因，深刻体现了海洋文化的精神内涵和当代价值，正是这些文化基因共同铸就了普陀的"根"和"魂"。《海天普陀——

普陀文化基因》一书基本涵盖了普陀的重点文化基因，是读者了解普陀风貌、研究普陀文脉、赓续传承海洋文化的重要载体。

我们期望全面激活普陀的文化基因，建设具有高辨识度的文化标识，推进普陀的文旅融合发展。按照浙江省打造"重要窗口"、建设共同富裕示范区的新形势新任务，我们将凝聚全区域强大合力，加快打造舟山群岛新区新时代文化高地，推动普陀文化建设和社会经济全面进步，为建设共同富裕示范区贡献文旅力量。

面对深刻的时代和社会变革，我们更需要发挥文化铸魂塑形赋能的强大力量。我们将抓紧、抓实、抓好文化基因全面激活和转化利用工作，努力推进文化基因进一步融入旅游、融入产品、融入城市发展，为高质量建设共同富裕示范区作出新贡献。

乐　波

2024年3月

传统木船制造技艺

海天普陀 普陀文化基因

传统木船制造技艺

普陀传统木船制造技艺起源，可以追溯到数千年前的商周时代。当时，木船是人们主要的交通工具，用于河流和海洋的货运和航海。普陀木船的制造技艺在宋代达到了巅峰，成为当时造船业的代表。传统木船制造技艺是历代海岛劳动人民在渔业生产实践中创造的智慧结晶。普陀地处海岛，渔民以行船出海打鱼为生，船是渔业生产中必不可少的劳动工具。千百年来，繁华的舟山渔场孕育出具有强烈地域特色的传统木船制造技艺，在海岛上产生了无数个以修造船舶为生的能工巧匠。2008年，传统木船制造技艺被列入第二批国家级非物质文化遗产名录（新增项目）。

（一）文化元素分解

1. 物质要素

（1）质坚稳定、软硬搭配的木材

传统木船制造所用的木材应符合船体形状和有关造船用材的各项规定，并根据船体各主要构件的强度和性能要求，选用具有相应性能、质量较好的材种。禁伐前，一般在武夷山林区砍伐原木，并去皮和锯解。除用于弯曲形的天然曲木外，其他木材均须充分干燥。木材根据不同的材质坚韧性能大致可分为两大类：硬材，如坤甸木、巴劳木、铁力木、子京、南枝、红绸、母生、柞、栎、榆、水曲柳、黄菠萝、樟、槐、柚等；软材，如红松、落叶松、马尾松、杉、柏等。舱壁底座、斗筋、尾柱、舵柱、内纵中材、龙骨、肋骨、起干、玉肋等，一般使用硬材。

（2）千岛之城、舟楫之便的环境

舟山，以舟山岛得名，《昌国州图志》记载："舟山，在州之南，有山翼如，枕海之湄，以舟之所聚，故名舟山。"这个千岛之城孤于海上、非舟楫不能往来，这是舟山人延续千年的生活写照。舟山渔场是享誉世界的四大渔场之一，沈家门渔港是世界三大群众性渔港之一，素有"中国渔都""舟楫故里"之称。每当渔汛季节时，来自全国各地的渔船云集，给舟山的造船业带来了巨大的发展机遇。悠久的造船历史、得天独厚的地理环境、精湛的造船技艺，使舟山成为我国修造船基地和舟船文化的中心。

(3) 种类繁多的制造工具

传统木船的制造工序严谨繁杂，所涉及的工具也多达几十种。每个匠人根据不同工种，少则需要十几样，多则需要几十样，有时还会根据实际需要自制工具。造船工具按工艺分类，可分为大锯（双人锯、四人锯、马头锯）、小锯、斧头、锛（刨锛）、刨子（细短刨、细长刨、边刨、粗刨）、墨斗子、铲刀、手把钻等木工常用工具和硬木槌、小斧头、雕花凿等雕刻工具，以及磨刀石、钢丝锯、画笔等辅助工具。

2. 精神要素

(1) 质朴求精的品格

传统木船兼具使用价值和艺术价值，充分体现了造船匠人的高超技艺。造船时首先要考虑到航行速度、装载能力以及抗风、防漏的安全性等因素；其次也很注意船的外形构造、细部雕刻和船体绘画，在技法上不断突破创新，在创作上精益求精，达到简约朴素又不失精美的艺术平衡。

(2) 吴越海洋文化特色

传统木船制造过程中所包含的艺术内涵与民俗传统不可分割。舟山传统木船的船体在结构上采用鸟嘴艏、两侧鸟目、浓彩绿眉毛、鸟翼展帆等反映先民在河姆渡遗址中体现的鸟图腾信仰文化。在造船过程中，开工、吊龙骨等主构件及下水等关键工序时，也有不同的祭拜形式来祈求平安。

(3) "精工善艺"的品质

传统木船制造采取47道主要工序，有30多种制造技艺，仅木船特殊部件加工工艺就有数十种之多。在造船之前，需要逼真地绘制出木船外形图和内部结构图，并参照图纸制造船模，船模的船舱、甲板、休息室、桅杆等一应俱全，经确认无误后再造大船。船要出海远航遇到风浪时，如果哪个部位不牢固，可能会出现船毁人亡的惨剧。这使得匠人们在造船的每一个细节、每一套工艺、每一道工序都凝神聚力、精益求精、追求极致。

3. 制度要素

（1）完整规范的制作流程

传统木船制造的工艺流程从设计图纸及制作船模开始，经过选树加工和风干、铁作件选取、制作和拼接龙骨、放肋骨、上横隔壁、立斗筋、捻缝与水密、油漆与防腐、装饰等47道主要工序。传统木船制造的特点是纯手工打造，因此木工活是传统木船制造的基本功，造船匠人一般需要3年以上的木匠从业经历。

（2）兼顾实用与欣赏的规范

传统木船以实用功能为主，在满足实用价值的基础上，追求完美的艺术体验，将实用性与欣赏性完美结合。传统木船的船饰主要包含船头像、船眼饰、船饰画等。船眼饰根据不同种类木帆船，在船头两边雕绘"龙眼""凤眼"或"蝌蚪眼"。船饰画是在木船的船体、艏部、侧部、艉部，以雕刻或彩绘方式雕绘有龙、凤、鱼、鸟、兽头等图案。

4. 语言与象征符号

（1）祈福盼顺利的题材图案

木船上的绘画、雕刻、号字，是舟山传统木船的独特装饰。从最初只能饰色"红头船""绿眉毛"等，到画饰"脚踏莲花观世音菩萨""八仙过海""鱼跃龙门""大鹏展翅"等图案；描绘关公、武松、穆桂英等历史或传说人物；临摹"普度众生""四海呈祥""一帆顺风""满载而归""年年有鱼"等字样，发展到目前的手工雕刻、镂空木槅扇门窗、斗拱挑檐等，匠人们通过巧妙的布局构思、唯美的细节处理，营造出建筑的时空效果。

(2) 祈天佑海平的民俗传统

舟山渔船敬神祭祀历史非常久远，造船敬神是礼仪规范较为复杂的祭祀活动。在建造新船时，首先要挑选黄道吉日，并择风水吉利之地，于上午七点至九点（辰时）动工。动工时，必须举办隆重的祭祀龙王仪式，祈求龙王与船神庇佑；船身上置龙骨时，也要隆重地操办"上龙筋祭"。民间约定，举行此祭所选日子不能与船主的生肖、八字相克相冲。在安装斗筋时，船主要先放百子鞭炮，再放六个爆竹，其意为"船传百代，代代高发"；在造船过程中还有装"龙眼""封眼"与"开眼"的祭祀。开启船眼时，船主要到寺庙敬神求取"开光牒"，贴在船眼上面，在牒外再挂一缕尺余长的五色彩线，以给龙眼育"神光"。新船建造完工船下水时需举行"新船下海祭"，祈求神灵保佑，出航顺利，船舱满载。

（二）文化元素核心基因提取

舟山传统木船制作匠人对手艺坚持"质朴求精""精工善艺"的传统品格，并能够与时俱进不断创新工艺。匠人们通过高超的传统木船制造技艺，充分展现了中华民族的杰出创造力。在制造传统木船时，既要遵循科学规范的制造流程，严控每个细节，又能够体现独特的艺术内涵与海洋民俗传统。

（三）文化元素核心基因评价

评价项目	评价因子	评价依据（特点）	是否
生命力评价	文化基因存续的时间	自出现起延续至今，未曾明显中断	√
		自出现起延续至今，但多次衰微、中断后复兴	
		曾明显衰败，改革开放后开始复活复兴或历史溯源关键环节缺失，难以考证	
		文化形态主体已灭失，现存部分痕迹	
	文化基因的稳定性	在发展过程中保持相当稳定的状态	√
		在发展过程中存在明显的精神内涵、表现形式剧变	
凝聚力评价	文化基因的凝聚力及社会动员效果	曾广泛凝聚起区域群体的力量，显著推动过社会经济文化的发展	√
		曾部分凝聚起区域群体力量，对社会经济文化的发展产生过影响	
		凝聚过力量，创造过实际的发展动能，但未见对社会经济文化发展产生显著改变	
		仅在历史文献或口耳相传中存在，未见实际介入社会经济发展	

续表

评价项目	评价因子	评价依据（特点）	是否
影响力评价	辐射的范围	具有全国性、世界性的影响力	√
		具有长三角区域、浙江省影响力	
		具有市县、乡镇影响力	
	提炼的高度	已经被古代文人士大夫和当代学者提炼为精神符号和理念理论	√
		单纯的样式、造型、工艺技术规范	
发展力评价	与当代精神追求和价值观念的契合	传统文化基因得到创造性转化、创新性发展；区域革命文化基因被完整继承、广泛弘扬；区域社会主义先进文化基因成为与浙江"三个地"相适应的文化高地	√
		部分转化、部分弘扬、部分发展	
		难以转化、难以弘扬、难以发展	

说明：基因特点评价是对解码出来的基因，根据《导则》表2的要求，围绕"四个力"逐一对表打"√"，进行定性表述。

1. 生命力评价

从外部环境看，舟山群岛特殊的地理环境，船在生活和渔业生产中重要的作用，为舟山成为我国传统木船制造的集聚地奠定了基础。从内部因素看，传统木船制造匠人们对手艺的坚持，并在沿袭传统的基础上，不断加入新的工艺，使传统木船制造能够与时俱进，日渐凸显出这一国家级非物质文化遗产基因强大的生命力。

2. 凝聚力评价

数千年来，在舟山群岛上涌现出一批又一批以造木船为生的能工巧匠，形成了众多为造船服务的作坊、工场及木行，岑氏木船作坊便是其中的佼佼者。第四代传人岑国和是第二批国家级非物质文化遗产项目传统木船制造技艺代表性传承人。岑国和自1988年开始带徒，至今授徒有三十余人。文化给了传统木船制造更多的生命力，经过上千年的传承创新发展，传统木船制作已经从一门手艺成为一门艺术。

3. 影响力评价

制造技艺高超、工艺流程规范、兼顾实用与艺术欣赏双重功能的舟山传统木船，深受海内外人士喜爱。仿明"绿眉毛"号木帆船声名远扬海内外，多种船模被中国、美国、日本、新加坡等国家的博物馆永久收藏，产品远销欧美等多个国家和地区。岑国和凭借其在舟山传统木船制作技艺上的优秀实践和传承，成为首位获得沙迦国际文化遗产奖——"最佳文化遗产实践奖"的中国人。

4. 发展力评价

舟山传统木船制造选材讲究、工序繁多、工艺精湛，并常配以精细的木雕和渔民画，具有鲜明的海洋文化特征。因此，舟山传统木船制作技艺具有很强的转化能力，通过基因转化利用，可使舟山成为全国修造船基地和舟船文化中心。

国家级非物质文化遗产项目传统木船制造技艺代表性传承人岑国和接受采访

（四）文化元素核心基因保存

1. 实物保存

由岑氏木船作坊承造的仿明"绿眉毛"号、陈列在中国航海博物馆的仿明福船、参与2008年传递奥运火炬的仿清"安福舻"号、被中国国家博物馆收藏的"郑和二千料宝船""南宋官船""明代漕船"等船模，都是普陀传统木船制造技艺呈现的精品力作。

2. 图文资料

（1）忻怡、郑明主编：《普陀传统木船制造技艺》，浙江摄影出版社，2012年。

（2）舟山市普陀区文体广电新闻出版局编印："舟山市普陀区非物质文化遗产丛书"之《普陀区非遗名录图文大观》，2016年。

沈家门渔港

海天普陀 普陀文化基因

沈家门渔港

沈家门渔港位于舟山本岛东南侧，面临东海，背靠青龙、白虎两山，构成了一道天然避风良港，是中国最大的天然渔港，与挪威的卑尔根港、秘鲁的卡亚俄港并称世界三大渔港。它与"海天佛国"普陀山、"海上雁荡"朱家尖、"海上仙山"桃花岛形成了东海旅游的"金三角"。沈家门早在清朝中期便形成了热闹的街市，曾有"市肆骈列……海物错杂，贩客麇至"的记载，素有"小上海""活水码头"之美誉。这里常年万船穿梭。每逢渔汛，沿海十几个省市的几十万渔民云集港内，桅樯林立，鱼山虾海，入夜渔灯齐放，繁星如织，美不胜收，形成了一道独特的海岛渔港景观。沈家门渔港东西向横贯沈家门街道，长11.5千米，宽0.19—0.7千米，为多口门峡道型海港。港域面积320万平方米，水域面积185万平方米，水深4—12

米不等，海底平坦，泥质粉砂。港南有鲁家峙、马峙、小干岛为屏障，挡强风巨浪；港北有刺棚山、青龙山、茅草湾岗、大平岗、岭舵山等作藩篱，阻西北大风。经过近现代的开发，这里逐步发展成渔船集中避风、补给休整、水产品加工集散的大型渔港，也是兼客货运输的综合性港口。沈家门渔港地处长江、钱塘江、甬江三江入海交汇处，北连长江口，直至黄渤海渔场，南临海南渔场，东濒温外、闽外等渔场，每逢渔汛季节，我国沿海各省市的渔船甚至中国台湾地区的渔船常云集于此，或进港避风，或交易鱼货，休整船具，进行补给。高峰时泊船近万艘，人员10余万。

（一）文化元素分解

1. 物质要素

（1）沈家门渔港溯源

沈家门地名的文字记载，最早见于北宋徐兢《宣和奉使高丽图经》。北宋宣和五年（1123），徐兢等奉宋徽宗命出使高丽，五月二十五日到达沈家门，称此地为"渔人樵客丛居十数家，就其中以大姓名之"。并记有"门"的解释："大抵海中有山对峙，其间有水道可以通舟者，皆谓之门。"由此可见，沈家门地名由姓氏与海域地理特征结合构成。当地沈氏居民，据清道光年间及近现代有关文献记述，皆谓古代沈姓望族世居吴兴（今浙江省湖州市），其源或始于此。

（2）沈家门渔港历史

明永乐七年（1409）设立沈家门水寨，可作为沈家门的开港之时，在中国军事史上有着重要的地位。至清同治、光绪年间，扩展岸线，渔业初具规模，商业渐盛，逐步形成集镇。清光绪三十三年（1907）《定海乡土教科书》记载，沈家门"市肆骈列，逼临港口，最便运输。交冬令，闽舟之捕带鱼者，栖泊于此。海物错杂，贩客麇至，更为繁盛。港之南，障以卢家峙（又称鲁家峙），为寄碇胜地"。20世纪初，沈家门已作为专业性渔港著称中外，与挪威的卑尔根港、秘鲁的卡亚俄

港并称世界三大群众性渔港。1936年3月9日《申报》称："浙江定海渔业，冠于全国，而沈家门地方，尤为渔民荟萃之区。每届冬汛，有大对船一千二百余对，放洋采捕。"

(3) 沈家门渔港规模

沈家门渔港东西向横贯沈家门街道，长11.5千米，宽0.19—0.7千米，为多口门峡道型海港。港域面积320万平方米，水域面积185万平方米，水深4—12米不等，海底平坦，泥质粉砂，是一处大型的天然避风良港。

(4) 沈家门渔港民间民俗大会

沈家门渔港在长达数百年的开发发展史中，逐步形成了海岛渔港文化。长期受海上生产生活方式的影响，渔港居民已形成了独特的物质文化生活和思想行为方式，各种民间习俗无不渗透鲜明的海洋特色。沈家门渔港民间民俗大会就是以渔港为背景，以民间文化为主题的一次海岛文化大荟萃。自2003年至2023年已举办8届，整合本地民间文艺资源，引进外来民间绝活、高雅艺术，达到了中外海洋文

化交融、相映成趣的效果。

2. 精神要素

（1）同舟共济、合作拼搏

渔港是渔船的集合，也是渔业成果的汇集。在渔港，来自各地的海洋文化不断地碰撞、交流和发展，同样也展现着中国渔民面向神秘未知的大海所显现的同舟共济、合作拼搏的海洋文化精神。不断的积累和沉淀，构成了现代海洋文化的壮阔画面。

（2）公平交易、众生无欺

渔港同样也是一个庞大的交易市场，既有渔获的交易，又有大量的渔需物质和补给物质的交易。正是中国传统文化中公平交易、众生无欺的商业文化精神才能显现出渔港的和谐与平等。

（3）海纳百川、包容开放

沈家门渔港作为千年渔港，至今依然千帆云集、珠玑横列。千年以来，来自各地的渔船和渔民在此处会集，多元文化在这里碰撞，沈家门渔港总是以海纳百川的情怀，包容着文化的多元性，展现着灿烂中国海洋文化的洋洋大观。

（二）文化元素核心基因提取

沈家门渔港的文化基因包含着中华优秀传统文化，"同舟共济、合作拼搏""公平交易、众生无欺""海纳百川、包容开放"都具有历史的生命力和传承力，更是新时代沈家门渔港开放发展、建设"沈家门渔港小镇"，走向海洋、走向未来的重要精神力量。

（三）文化元素核心基因评价

评价项目	评价因子	评价依据（特点）	是否
生命力评价	文化基因存续的时间	自出现起延续至今，未曾明显中断	√
		自出现起延续至今，但多次衰微、中断后复兴	
		曾明显衰败，改革开放后开始复活复兴或历史溯源关键环节缺失，难以考证	
		文化形态主体已灭失，现存部分痕迹	
	文化基因的稳定性	在发展过程中保持相当稳定的状态	√
		在发展过程中存在明显的精神内涵、表现形式剧变	
凝聚力评价	文化基因的凝聚力及社会动员效果	曾广泛凝聚起区域群体的力量，显著推动过社会经济文化的发展	√
		曾部分凝聚起区域群体力量，对社会经济文化的发展产生过影响	
		凝聚过力量，创造过实际的发展动能，但未见对社会经济文化发展产生显著改变	
		仅在历史文献或口耳相传中存在，未见实际介入社会经济发展	

续表

评价项目	评价因子	评价依据（特点）	是否
影响力评价	辐射的范围	具有全国性、世界性的影响力	√
		具有长三角区域、浙江省影响力	
		具有市县、乡镇影响力	
	提炼的高度	已经被古代文人士大夫和当代学者提炼为精神符号和理念理论	√
		单纯的样式、造型、工艺技术规范	
发展力评价	与当代精神追求和价值观念的契合	传统文化基因得到创造性转化、创新性发展；区域革命文化基因被完整继承、广泛弘扬；区域社会主义先进文化基因成为与浙江"三个地"相适应的文化高地	√
		部分转化、部分弘扬、部分发展	
		难以转化、难以弘扬、难以发展	

说明：基因特点评价是对解码出来的基因，根据《导则》表2的要求，围绕"四个力"逐一对表打"√"，进行定性表述。

1. 生命力评价

沈家门渔港已有近千年历史，作为专业性渔港的存在也超过百年之久，且至今依然生机勃勃。在漫长的历史进程中，沈家门渔港沉淀了无比深厚的文化底蕴和文化内涵。传统和现代在这里交融，历史和未来在这里连接，赋予了沈家门渔港旺盛的生命力和无限的发展潜力。

2. 凝聚力评价

千年港口的文化沉淀和文化发展，构成了沈家门渔港的灵魂和精神，引领着沈家门渔港不断发展。其文化的凝聚力早已超越了一般的文化遗产，成为渔港未来持续发展的内驱力和动能。

3. 影响力评价

沈家门渔港作为世界三大群众性渔港之一，已成为中国渔业、渔港的一个地理标识，其影响力具有世界意义。同时作为旅游目的地，沈家门近年来年均接待游客超过2000万人次。

4. 发展力评价

进入新时代，沈家门渔港有了快速发展的机遇，以全新的格局和视野全面实现文、商、旅"三业融合"，创新动能得以增强。沈家门渔港小镇于2018年创建为国家AAAA级旅游景区，2020年成为第四批省级特色小镇。

（四）文化元素核心基因保存

图文资料

（1）政协舟山市普陀区委员会教文卫体与文史委员会编：《中国渔港沈家门》，中国文史出版社，2005年。

（2）张捷主编：《话说沈家门渔港》，浙江大学出版社，2009年。

（3）舟山市普陀区档案局编：《中国普陀·百年渔港》（画册），2009年。

（4）普陀区政协文史与学习委员会编：《近代报刊中的沈家门》，2017年。

（5）舟山市普陀区档案馆编：《历史名镇沈家门》，中国文史出版社，2020年。

普陀渔民画

海天普陀　普陀文化基因

普陀渔民画

普陀渔民画起源于20世纪70年代，80年代初具规模。1987年，作品入选首届中国艺术节。1988年，舟山市普陀区被文化部命名为首批"中国现代民间绘画画乡"。作为本地的群众文化活动，普陀渔民画是在普陀特定的地域环境下产生的，普陀渔民画家们以其自身所拥有的大海的坚韧性格、豁达思维和时代精神，用自己手中的画笔把劳动生产、海边习俗、渔家礼仪和节庆中切身体会与感悟的一种美表现出来，创作出一幅幅具有鲜明地域特性的艺术作品，成为舟山渔民画中的一颗亮丽的明珠。

普陀渔民画自古代船饰画演变而来。据陈桂珍编《普陀渔船史话》记载，"明后期、清代及民国时期，随着大对船、大捕船和大型流网船等增多，渔船上的饰画、号字逐渐流盛"。船饰画绘画技艺通过世代流传，后一代渔民传承了船饰画粗犷、夸张的风格，最终演变成现代的普陀渔民画。2012年，普陀渔民画被列入第四批浙江省非物质文化遗产名录。

（一）文化元素分解

1. 物质要素

（1）自由开放的发展环境

普陀渔民画作品大多出自渔家儿女之手，他们依照自己的环境和生活在创作中进行联想，以渔民生产、生活为题材，以海洋生物、海山景观和渔家风情为主要内容，用形象的思维来表达朴素的思想情感，用画笔流露出自己对生活的真情实感和对大海的深情眷恋，把美好的愿望以及真挚的情感，通过一幅幅奇趣构思的斑斓图画表现出来，作品散发着浓郁的"海腥味"。

（2）突破传统的绘画材料

早期普陀渔民画色彩颜料单一，随着对渔民画研究的深入，在保留其艺术精髓的同时，浙江省优秀民间艺人、普陀渔民画家蒋德叶独创普陀海沙渔民画，由丙烯、海沙等混合成绘画颜料，使画作更有立体感，也更具视觉冲击力。

（3）丰富的创作题材

相对封闭的独特海洋列岛自然环境条件，迫使海岛人逐渐把获取生存资源的目光投向大海，从大海中获取维持生存的食物，物质生产方式直接决定着精神生产。海岛人就自然而然地从处处洋溢着鱼腥味的生产和生活中获取艺术创造的内容。其创作题材主要来自渔业生产、渔民日常、渔民命运、鱼类生物、

海岛渔民这几个方面。

　　"渔业生产"题材是围绕渔业生产劳动展开的。作品标题均含有动词，如"打、拢、拾、涨、回"等，这些词汇是渔业生产专用词汇。劳动情节刻画朴实，既没有渲染劳作的艰辛，也没有夸张收获后的欣喜。渔业生产是渔民画创作表现最多的题材，包括海上作业和海下作业，通过读画基本可以了解渔业生产的全过程，比如开船、拖网、起网、补网、分拣、拾贝、打桩、补笼、晒鲞……画面以展示劳动情景为主，描绘内容客观真实。

　　"渔民日常"题材为描绘生活场景，内容包括日常生活和民间习俗。作品标题如"渔村小景""繁忙的渔村""丰收归来"等。表现民间习俗的作品标题常用的动词有"祭、嫁、划、饮"等。该题材的画面常传递出宁静、繁荣、平安的审美情趣。

"渔民命运"这一类的标题非常鲜明，如"通往死亡的国度""一个世纪的故事""地狱的福祉""普度众生""求平安"等。从标题中就可以看到，关于生与死、神与鬼、悲伤与幸福、过去与未来是这一题材的描绘重点。在渔民命运题材中，主要分为阐述生命意义和对神明崇拜两类。渔民命运题材作品的出现，也印证了普陀人敢于直面或者说必须学会面对死亡的生命意识，而以此创作的渔民画作品更是成为普陀渔民画区别于其他地区农民画的一个显著特点。

普陀人将海里的活物统称为"鱼"。在海洋文学中，"鱼"是文学写作中重要的母题之一，用"鱼"这一母题来描写报恩、祈福、孝顺、鬼事、仙术、化生等。普陀关于鱼的传说也非常多，如"梅童鱼成亲""咬尾巴带鱼"等。渔民画创作中，运用夸张的手法画"鱼"，意为丰收的象征。

海岛渔民可分为描画男性、女性和渔民群体三类。描写女性的作品有《海姑》《母亲》《海姑娘》《母亲的手》《海夫人》等。描写男性形象的如《渔伯》《老人与海》《八个船巫老大》《舱板上的大脚》等。其画面所展现的内容均为在海上作业时的情景，但这与渔业生产题材不同。首先体现在作品标题上，其次在渔业生产题材中人物的刻画意在描绘劳动分工，肢体语言刻画符合劳动的需要，而在这一题材中，人物刻画尽管还是非常概括，但生动展现了渔民耕海牧渔的生活经历，尽显粗犷豪放的风格特征。

2. 精神要素

（1）开拓创新的海洋文化精神

面对大海，海岛人一直勇敢地进行开拓创新；面对大海，海岛人永远看到的是新的景观。开拓创新永远在路上。普陀渔民画最大特点就是自由，线条可随意弯曲，装饰性、抽象性及夸张变形等表现手法可随处使用，体现出大胆的创意和丰富的想象力。

（2）博大宽阔的海洋文化视野

渔民画家的表达可以把不同时间、不同空间、不同视点和各种物体的特征错综复杂地交织在一起，也可以把自己感兴趣的东西描绘在一幅画面中，使画面有很大的生活容量。在造型上不受任何限制，大胆想象、大胆变形、大胆夸张，他们常常以自己的感情为中心，根据需要在同一画面里可以出现仰视、俯视、平视、侧视等现象，构成了普陀渔民画特殊的造型模式，显现着海岛人博大宽阔的文化人生。

(3) 自然从容的海洋文化视角

大海孕育了勤劳、朴实的渔家人，也孕育了渔家人特有的海洋艺术。舟山的渔民画家们热爱自己的海岛，更热爱劳动和生活。船在浪中乘风摇荡，鱼在海中翻滚跳跃，渔夫们在船上使劲拉着渔网。这样原始劳作的画面在东海绝迹已久，但在画中我们还能依稀窥见大海的慷慨馈赠。

3. 制度要素

(1) 画作中"光"充满直觉化的表现形式

渔民画会借"白"和"空"来暗示光的照射。生活经验告诉我们，有光照射的物品，越是明亮的部分，表面的肌理则越模糊。渔民们便用此原理来画"光"。渔民画中，光不拘泥于单个物体的空间塑造本身，而根据环境刻画的需要充满直觉化的展现。利用明与暗的交替，使图像与背景分离。在渔民画中有一部分作品呈现出"底-图"分离形式，纸面仅是图像的承载面。图与底是分离的，这种表现方式与原始洞窟壁画的表现方式有些类似，纸就如同洞窟的墙壁一样只是图像的载体，本身不参与意义的输出。

(2) 有趣的内容空间创作场景

从渔民画内容发生的场景来看，主要有海底世界空间、海上世界空间、市井生活空间和神秘虚幻空间。

海底世界在渔民画作品中是不言自明的空间。创作者没有故意强调这些生物与海底空间的依存关系，而是直接把这些生物赤裸裸地从海底捞起呈现在观众面前，偶尔辅助一点浪花示意，或者就是平涂背景。

海上世界空间，因为视点的原因，画面几乎没有天的刻画。天与地的纵向距离维度被抽空，画面只有无尽的横向延伸空间。没有天空、无日月，画面中便没有了方向感，而将注意力全部集中在海上生产的船、劳作的人。这是渔民画创作的表现手法，凝聚画面中心的手段，也可以理解为对时空之间关联性的无意识流露，时间不是朝九晚五的绩效，时间仿佛游荡在"海面之上"，只要开始工作，以船为圆点，时间、空间为纵横向的坐标轴便立刻启动，意义（丰收）便从画面中浮现。

市井生活空间的表达层次是比较丰富的。近处的房屋、远处的山脉和天空，景观的纵深感在一些作品中有具体的刻画，真实再现了人们在陆地上远望他处的视角。市井生活的空间总是显得很真实，地面、庭院、海边，或朗朗晴空，或星月交辉，脚踏实地宁静而平凡的生活就是市井生活空间的氛围。

神秘虚幻空间，渔民画表达了对海洋的神秘不可知的猜测、表达佛祖显世的一刹那、表达对祖先和逝去之人的敬畏、表达对生命的沉思和遐想。显然这些画面的空间符号都是非真实的，但也逃离不开对现实的映射。

(3) 以"平视""鸟瞰""混合移动视点"为主的创作视点

平视。将所画之物全部按照平视视角来处理，平涂画面，没有光影，不构成立体。创作者可以根据纸面"平面空间"任意布局，视点选择也较为自由，可将多个内容情节组合在一个画纸空间内。

鸟瞰。如果说追求物与物之间不遮挡、画面尽可能多的呈现表达内容，还表现真实空间感，那么把视点挑高，是解决问题最简单的办法。这样就如站在山上看山下，人物和景观都可以在取景框内呈现，也如"人观假山"一般，把所有景观缩小，尽收眼底。渔民画的表现不强调绝对的45度角，如建筑物的刻画故意层层叠叠地相互遮挡。人的比例会因远近而等比缩小，但是并非是垂直视角下的缩小。鸟瞰视角表现体现出渔民画力求"全景观"展现内容的特点。

混合移动视点。也就是平视与高空俯视的结合，渔民画作品在表现大场景内容时大都运用了这两个视点的动态组合，也就是景物由近而远，视点由平视逐渐上升为俯视，如飞机起飞一般。

(4) 造型追求完整性、"视觉直觉性"融合"概念性"

强调造型的完整性，首先是人的完整性。其次，画中物体尽量不遮挡。这与追求图像绝对完整的儿童画和原始绘画不同，差别体现在画的边缘。渔民画画框边缘似一个取景器外框，画面内容像是取景器下的一个"整体中的局部"，因此紧挨画框边缘的形象都是不完整的，但取景器内部的形象，都尽量彼此不遮挡，刻画完整。渔民画这种表现方式的产生也是与辅导老师找"闪光点"有着直接的关系，有些作品就是从复杂画面中取得的一角，然后扩大而成。

"视觉直觉性"融合"概念性"。"概念性"用原始艺术来解释，就如旧石器时代的阿尔塔米拉洞窟壁画，那些栩栩如生的动物形象，结构、肌肉、动态都非常精准，可以说原始人类的视觉能力非常强大。弗莱解释，这是因为这些感觉非常适应他们的环境。造型的"概念性"，是当人们不能完全适应环境的时候，感觉的缺陷就需要理智来补偿，形成依靠概念来思考的习惯，用图画来表现人对事物的思考，而非对事物的感觉。或者说，当他试图再现他的感觉时，理性的习惯便出来干涉，指令他的手表现有秩序、清晰的，但完全没有自然神态的形式。这被称为"概念的习惯"。这概念化的造型总是表现为最典型的、最具视觉识别性的外观，因此也成为最有效率的展现方式。现代人毕竟不是原始人类，生活的丰富性与视觉刺激物如此之多，不免分散了人的视觉感知力，因此会利用一些概念性的理解，如人的四肢比例、人的五官特点、大海的颜色、建筑的基本架构等，来提高绘画表现的效率。海洋生活的林林总总已经在渔民画创作者记忆中留下了深刻印象，并在意识内积累了一些物象的典型特征。比如有眼睛的船、船的基本构造；人们在渔业劳动时的抬船、收网、晒鲞、剖鲞等工作特点和相应的动态、动势等等。渔民画创作以强烈的表现欲望为先导因素，通过视觉直觉捕捉了创作对象的总体印象，并融合"概念性"的归纳与记忆一并输出，形成画面。这些概念化的造型因创作者的再加工而变得丰富，并不会因此产生雷同的视觉画面。

（二）文化元素核心基因提取

普陀渔民画以绘画艺术的形式，集中传达出普陀开拓创新、博大开阔、自然从容的文化价值和文化精神。渔民画家踏浪而来，蘸海作画，用非专业的"拙"笔，描绘出海洋的精彩。

（三）文化元素核心基因评价

评价项目	评价因子	评价依据（特点）	是否
生命力评价	文化基因存续的时间	自出现起延续至今，未曾明显中断	√
		自出现起延续至今，但多次衰微、中断后复兴	
		曾明显衰败，改革开放后开始复活复兴或历史溯源关键环节缺失，难以考证	
		文化形态主体已灭失，现存部分痕迹	
	文化基因的稳定性	在发展过程中保持相当稳定的状态	√
		在发展过程中存在明显的精神内涵、表现形式剧变	
凝聚力评价	文化基因的凝聚力及社会动员效果	曾广泛凝聚起区域群体的力量，显著推动过社会经济文化的发展	√
		曾部分凝聚起区域群体力量，对社会经济文化的发展产生过影响	
		凝聚过力量，创造过实际的发展动能，但未见对社会经济文化发展产生显著改变	
		仅在历史文献或口耳相传中存在，未见实际介入社会经济发展	

续表

评价项目	评价因子	评价依据（特点）	是否
影响力评价	辐射的范围	具有全国性、世界性的影响力	√
		具有长三角区域、浙江省影响力	
		具有市县、乡镇影响力	
	提炼的高度	已经被古代文人士大夫和当代学者提炼为精神符号和理念理论	√
		单纯的样式、造型、工艺技术规范	
发展力评价	与当代精神追求和价值观念的契合	传统文化基因得到创造性转化、创新性发展；区域革命文化基因被完整继承、广泛弘扬；区域社会主义先进文化基因成为与浙江"三个地"相适应的文化高地	√
		部分转化、部分弘扬、部分发展	
		难以转化、难以弘扬、难以发展	

说明：基因特点评价是对解码出来的基因，根据《导则》表2的要求，围绕"四个力"逐一对表打"√"，进行定性表述。

1. 生命力评价

普陀区东极镇于2019年以"渔民画主题活态展示"成功入选省级非遗主题小镇。普陀渔民画深深地根植于海洋，根植于渔民生活和生产，同时又深刻体现了海洋文化的精神内涵和文化价值，从历史的角度观察，具有强劲的生命力。"越是民族的，越是世界的"，可以作为对普陀渔民画文化元素的生命力评价。

2. 凝聚力评价

开拓创新、博大开阔、自然从容的文化价值和文化精神成就了普陀渔民画的凝聚力,我们透过一幅幅渔民画作品,品味着大海,体验着海洋生活,感悟着海岛人的生命价值。

3. 影响力评价

1987年,普陀渔民画首次在北京中国美术馆亮相,先后赴美国、德国、法国、西班牙等10多个国家展出,获得广泛好评。近三年来,有200余幅作品在省市乃至全国获奖,有200余幅作品被国内外机构收藏,被誉为"东方毕加索",进一步扩大了对外影响力。

4. 发展力评价

普陀区多次被文化部命名为"中国民间文化艺术之乡"。从艺术与生活、艺术与文化精神的关系维度考察,普陀渔民画的文化基因十分丰厚,具有广阔的发展前景。在新时代更需要通过渔民画这种文化载体深入的发展,坚持海洋文化的文化自信。

（四）文化元素核心基因保存

1. 实物保存

《舟山大黄鱼》《鱼儿的婚嫁世界》《海之歌》等 200 余幅普陀渔民画作品被美国芝加哥图书馆、中国航海博物馆、中国农业博物馆（全国农业展览馆）和浙江省美术馆等收藏。

建有普陀渔民画发展中心，收录较多普陀渔民画作品。

2. 图文资料

（1）舟山市普陀区文化广电新闻出版局编：《中国·普陀渔民画集》，中国美术学院出版社，2011年。

（2）姜声慧：《从浩瀚的大海中汲取丰富的营养》《试论渔民画在基层文化建设中的作用》，载文化部艺术服务中心编著《中国民间文化艺术之乡建设与发展初探》，中国民族摄影艺术出版社，2010年。

（3）姜声慧：《普陀渔民画的空间形态分析》，《大众文艺》2010年第1期。

蚂蚁岛人民公社

海天普陀 普陀文化基因

蚂蚁岛人民公社

蚂蚁岛人民公社旧址位于浙江省舟山市普陀区蚂蚁岛管委会蚂蚁岛村长沙塘路161弄2号，建于1956年。这是一个坐西朝东的建筑，建筑面积为205.7平方米。蚂蚁岛人民公社是全国渔区第一个人民公社，1958年10月4日《人民日报》第3版以《第一个人民公社——访五年来乡社合一的蚂蚁岛》为题报道了蚂蚁岛人民公社事迹。同年12月，蚂蚁岛荣获周恩来总理亲笔签名的奖状"社会主义农业先进单位"，成为全国农业的样板。2023年，蚂蚁岛人民公社旧址被公布为浙江省省级文物保护单位。

这个旧址作为我国人民公社时期集办公、会议、食堂于一体的活动场所，见证了蚂蚁岛人民自力更生、艰难困苦的创业历史。旧址真实保存了20世纪50年代的建筑特点，具有鲜明的时代特色和文化内涵。近年来，普陀区精心打造以蚂蚁岛人民公社旧址为核心的蚂蚁岛精神红色教育基地，积极开发革命文物人文内涵和旅游价值，讲述"艰苦创业、敢啃骨头、勇争一流"的蚂蚁岛精神和革命创业精神，每年吸引大批学习培训团队和旅游团队前来参观学习，实现了红色旅游和乡村振兴的融合发展，取得了良好的社会效益。

（一）文化元素分解

1. 物质要素

（1）艰苦的海岛生产生活

当年蚂蚁岛自然条件极差，"蚂蚁山，蚂蚁山，蚂蚁原是癞头山。山上是石岩，山下是沙滩。"岛上仅650亩山地，岛民生计极其困苦。为改变蚂蚁岛一穷二白的面貌，蚂蚁岛居民搓草绳、建海塘、造大捕船、成立全国渔区第一个人民公社……蚂蚁岛人以艰苦创业的精神，为蚂蚁岛的发展拼搏出一条生路。

搓草绳场景

(2)旧址状况

旧址为当地在1956年建设的旧式平房，是全国渔区第一个人民公社的办公场所。建筑简朴实用，多年以来始终未有改造重建。旧址通面阔7间，通进深9.15米；为人字形木结构。门额上题刻"人民公社"四个大字和一颗五角星。内部存放着部分当年成立人民公社的相关文献材料和实物，部分见证着蚂蚁岛历史和蚂蚁岛精神的珍贵图片和手稿。

(3)新时代的蚂蚁岛

进入新时代以后，蚂蚁岛紧紧围绕"精神立岛、渔业稳岛、生态建岛、工业强岛、旅游兴岛"五位一体发展战略，打造"红色基因和美家园"，大力建设蚂蚁岛精神红色教育基地，成为吸引越来越多游客的"海上红岛"。

2. 精神要素

(1)不忘初心、艰苦创业

"艰难困苦，玉汝于成。"蚂蚁岛人为改变贫困面貌，不顾磨破手掌、搓起血泡，硬是用双手搓起12万斤草绳，积攒起来换钱；硬是冒着海岛冬日的寒冷，捐献自家取暖450只铜火囱和金银首饰，造了两条机帆船，开始远洋捕鱼，积累了集体财富。艰苦是拓荒者的底色，坚韧是创业者的特质。一切希望和理想，都是不忘初心、艰苦创业的产物。

蚂蚁岛创业纪念室

改造后的客运码头

(2)战天斗地、敢啃骨头

蚂蚁岛陆域面积只有约2平方千米，土地资源匮乏，向滩涂要地成为岛民共识。让沧海变成桑田，成为蚂蚁岛人的梦想。"战天斗地,敢啃骨头",勇敢的蚂蚁岛3000多名妇女豪气干云,没有任何现代化的施工机械,只是凭着简单的工具和双手,蚂蚁岛的"半边天"撑流捧泥、采石运沙,寒暑易节,终成大功。一条长1300多米、宽12米、高5米的海塘,只用一年零四个月胜利完工,比预计工期缩短一半多,命名为"三八"海塘。"三八"海塘是全岛妇女汗水和心血的结晶,是蚂蚁岛群众为子孙后代造福的历史见证。

(3) 齐心协力、勇争一流

"同船合命",大海早已使蚂蚁岛人懂得什么叫作"集体",什么叫作"团结"。蚂蚁岛人就是在齐心协力中,开拓进取、勇争一流。在几代人艰苦创业、努力拼搏下,蚂蚁岛书写了众多一流的业绩:第一个创建渔业的人民公社,全省第一个使用机帆船作业的海岛,并荣获国务院颁发的"农业社会主义先进集体"。

3. 制度要素

蚂蚁岛人民公社是在中国社会主义制度下,在集体主义的氛围下,中国海岛人民创造出的文化成果,深刻表达了社会主义的制度优势和人民群众的伟大创造精神。

4. 语言与象征符号

从蚂蚁岛人民公社的历史文化元素来看,一些相关的文化符号可以体现文化精神的沉淀,如绳结(草绳)、渔网、海塘等。

（二）文化元素核心基因提取

2005年6月13日，时任浙江省委书记的习近平同志到蚂蚁岛考察。他指出，蚂蚁岛老一辈创造的"艰苦创业、敢啃骨头、勇争一流"的蚂蚁岛精神，不但没有过时，还要继续发扬光大。（《习近平调研舟山　强调利用资源发展海洋经济》，中央政府门户网站，2005年6月14日，来源：《浙江日报》）

（三）文化元素核心基因评价

评价项目	评价因子	评价依据（特点）	是否
生命力评价	文化基因存续的时间	自出现起延续至今，未曾明显中断	√
		自出现起延续至今，但多次衰微、中断后复兴	
		曾明显衰败，改革开放后开始复活复兴或历史溯源关键环节缺失，难以考证	
		文化形态主体已灭失，现存部分痕迹	
	文化基因的稳定性	在发展过程中保持相当稳定的状态	√
		在发展过程中存在明显的精神内涵、表现形式剧变	
凝聚力评价	文化基因的凝聚力及社会动员效果	曾广泛凝聚起区域群体的力量，显著推动过社会经济文化的发展	√
		曾部分凝聚起区域群体力量，对社会经济文化的发展产生过影响	
		凝聚过力量，创造过实际的发展动能，但未见对社会经济文化发展产生显著改变	
		仅在历史文献或口耳相传中存在，未见实际介入社会经济发展	

续表

评价项目	评价因子	评价依据（特点）	是否
影响力评价	辐射的范围	具有全国性、世界性的影响力	√
		具有长三角区域、浙江省影响力	
		具有市县、乡镇影响力	
	提炼的高度	已经被古代文人士大夫和当代学者提炼为精神符号和理念理论	√
		单纯的样式、造型、工艺技术规范	
发展力评价	与当代精神追求和价值观念的契合	传统文化基因得到创造性转化、创新性发展；区域革命文化基因被完整继承、广泛弘扬；区域社会主义先进文化基因成为与浙江"三个地"相适应的文化高地	√
		部分转化、部分弘扬、部分发展	
		难以转化、难以弘扬、难以发展	

说明：基因特点评价是对解码出来的基因，根据《导则》表2的要求，围绕"四个力"逐一对表打"√"，进行定性表述。

1. 生命力评价

习近平总书记提出的蚂蚁岛精神在新时代焕发生机。时任浙江省委宣传部部长的朱国贤在专题调研蚂蚁岛时，明确蚂蚁岛精神为浙江四个精神之一。2021年全省党史学习教育动员部署会上，时任浙江省委书记的袁家军在讲到浙江红色根脉时，专门点到蚂蚁岛精神，并将蚂蚁岛精神写入全省党史学习教育方案中。

2. 凝聚力评价

蚂蚁岛精神虽然生成于半个多世纪前,但却具有历久弥新的生命力。如今,城乡面貌发生了翻天覆地的变化,生产生活方式更是今非昔比,我国社会的主要矛盾也已经转化为人民日益增长的美好生活需要和不平衡不充分的发展之间的矛盾。但千变万变,共产党人的初心和使命从未改变。

3. 影响力评价

蚂蚁岛精神红色教育基地已获得"浙江省红色旅游教育基地""浙江省党史教育基地""浙江省党外知识分子思想教育基地"等6个省级荣誉,同时正积极申报国家级爱国主义教育基地。2021年1—10月,蚂蚁岛接待游客人数16.4万余人,这个数据对刚刚点燃"星星之火"的蚂蚁岛来说,意味着已开始打响名声,红色旅游的吸粉能力逐渐增强。

4. 发展力评价

蚂蚁岛人民公社旧址的文化基因有着广阔的发展前景,以"艰苦创业、敢啃骨头、勇争一流"蚂蚁岛精神为主题,以海洋、海岛和海洋渔业为载体,以红色产业和海洋产业为导向,应该可以成为重要文化旅游目的地。蚂蚁岛精神将会凝聚广大人民群众齐心合力,实现中华民族伟大复兴的中国梦。

（四）文化元素核心基因保存

1. 实物保存

"蚂蚁岛人民公社旧址"纪念馆，珍藏着大量当年中国渔区第一个人民公社的相关文档、资料和物品，并有大量的图片、荣誉证书和锦旗。

2. 图文资料

（1）中共舟山县委宣传部、中共蚂蚁岛人民公社委员会合编：《解放前后的蚂蚁岛——蚂蚁岛人民公社的历史》，农业出版社，1959年。

（2）上海水产大学：《1959年蚂蚁岛渔业经济管理的调查报告》，1988年。

（3）《第一个人民公社——访五年来乡社合一的蚂蚁岛》，《人民日报》1958年10月4日。

（4）普陀政协文史与学习委编：《岁月印痕——普陀"文保"实录》，中国文史出版社，2015年。

3. 音像资料

浙江越剧团越剧《蚂蚁岛》，1957年。

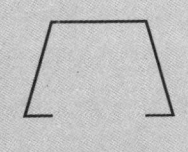

定海测候所

海天普陀 普陀文化基因

定海测候所

定海测候所旧址坐落在舟山市普陀区沈家门街道青龙山南麓。建筑坐东北朝西南，四面都能瞭望，南面为沈家门渔港和莲花洋。该旧址由著名气象学家竺可桢倡导，由当时的中央研究院气象研究所与浙江省水利厅、省建设厅共同筹建，经上海汪森记营造厂承建，于1936年10月建成，1937年1月正式投入使用。1955年11月改为暴风警报站。1958年10月扩建改为普陀县气象站。1992年10月改称舟山市普陀区气象局。2011年被公布为浙江省省级文物保护单位。

（一）文化元素分解

1. 物质要素

(1) 适应海岛气候的建筑设计

房屋整体呈"7"字形排列，造型不甚规整，由正屋及其附属部分组成。所有外墙体均为虎皮石砌筑建筑，屋顶为钢筋水泥结构。正屋两层，上层为平顶，前开两扇玻璃窗，下层开两扇玻璃门，前有二级石台阶。附属部分面阔六间，皆一层，屋顶四周加筑栏杆。屋前有走廊，以石柱承重。正屋与附属房前皆砌花坛，庭院为水泥浇筑。

(2) 渔业生产对海洋气象的需求

江浙沿海历来是中国重要渔区，每年渔汛，渔船荟萃，千樯万舶，甚为壮观，但沿海多台、暴风，如未提早报警，渔船往往来不及趋避而遭险，渔民生命安全得不到保障。因青龙山山顶"前临大海，渔舟云集，地势高耸，可以远瞩"，更为适宜，于是决定把测候所所址设在该处，用于对舟山渔场海洋气候的监测。

2. 精神要素

(1) 科技兴国的情怀

自近代以来，中国的仁人志士一直坚持着"强国梦"，

并在坚韧不拔地努力，"科技兴国"是其中的重要体现。定海测候所是由中国人自主建造的全国第一家也是唯一一家海岛头等测候所，是中国在海洋科学领域的创新，是见证和反映现代中国科学家谋求"科技兴国"思想的历史经典。

(2) 维护民生的信念

海洋海岛的生活、生产是一种十分艰险的社会活动，渔民和渔业生产更是突出，面向着未知的神秘的海洋，生存的威胁始终伴随着。作为全国第一家海岛头等测候所，其建设的目的也正是为渔民提供海况、气象预报，自然就有着维护民生、促进生产的重要意义。

(3) 走向海洋的追求

中国是传统的农耕社会，中国的传统文化由农耕文明组成，"重陆轻海"是历史上各朝代统治者的基本理念。定海测候所的建设，作为全国第一家也是唯一一家海岛头等测候所，可以说是中国气象科学第一次走向海洋、走向海岛的宣言。对于中国现代海洋监测、海洋气象科学的发展有着十分重要的意义。

（二）文化元素核心基因提取

以竺可桢为代表的老一辈科学家"科技兴国"的情怀和新时代建设"海洋强国"的愿景。

（三）文化元素核心基因评价

评价项目	评价因子	评价依据（特点）	是否
生命力评价	文化基因存续的时间	自出现起延续至今，未曾明显中断	√
		自出现起延续至今，但多次衰微、中断后复兴	
		曾明显衰败，改革开放后开始复活复兴或历史溯源关键环节缺失，难以考证	
		文化形态主体已灭失，现存部分痕迹	
	文化基因的稳定性	在发展过程中保持相当稳定的状态	√
		在发展过程中存在明显的精神内涵、表现形式剧变	
凝聚力评价	文化基因的凝聚力及社会动员效果	曾广泛凝聚起区域群体的力量，显著推动过社会经济文化的发展	√
		曾部分凝聚起区域群体力量，对社会经济文化的发展产生过影响	
		凝聚过力量，创造过实际的发展动能，但未见对社会经济文化发展产生显著改变	
		仅在历史文献或口耳相传中存在，未见实际介入社会经济发展	

续表

评价项目	评价因子	评价依据（特点）	是否
影响力评价	辐射的范围	具有全国性、世界性的影响力	√
		具有长三角区域、浙江省影响力	
		具有市县、乡镇影响力	
	提炼的高度	已经被古代文人士大夫和当代学者提炼为精神符号和理念理论	√
		单纯的样式、造型、工艺技术规范	
发展力评价	与当代精神追求和价值观念的契合	传统文化基因得到创造性转化、创新性发展；区域革命文化基因被完整继承、广泛弘扬；区域社会主义先进文化基因成为与浙江"三个地"相适应的文化高地	√
		部分转化、部分弘扬、部分发展	
		难以转化、难以弘扬、难以发展	

说明：基因特点评价是对解码出来的基因，根据《导则》表2的要求，围绕"四个力"逐一对表打"√"，进行定性表述。

1. 生命力评价

作为全国第一家也是唯一一家海岛头等测候所，其对于中国现代海洋气象科学的见证、对于中国对海洋科学的关切、对于渔民百姓维护和发展有着重要意义和价值。定海测候所旧址是一种高度的精神浓缩和文化沉淀，在新时代，通过利用转化，必然呈现新的生命力。

2. 凝聚力评价

在科学技术高度发展的今天，人们对海洋的认知依然停留在一个较低的水平，依然需要不断探索和前行。海洋依然、海岛依然、海洋科学依然需要不断发展。在这个层面上，定海测候所旧址能够不断地唤醒我们的精神，凝聚力量，代代传承，实现竺可桢们的伟大梦想。

3. 影响力评价

1937年1月7日《申报》："定海沈家门测候所，位于临海龙眼山顶，远瞰普陀，东海渔船，尽入眼帘，俯观沈镇渔港，帆樯林立。测量气候，报道风信，极称便捷。所内机件，系由中央研究院气象研究所补助，早经运到，因装置需时，始于去年（即1936年）底竣事。现该所已于元旦日起正式办公。"当年的《申报》以较大篇幅登载了定海测候所的消息，在国内具有较大的影响。

4. 发展力评价

"海洋强国"战略是实现中华民族伟大复兴中国梦的重要组成部分，其中海洋科学强国的建设是题中之义。作为中国现代海洋气象科学发展的第一步，定海测候所极具典范和见证价值。加大保护利用，如气象博物馆、开展气象研学游项目等，定海测候所旧址必将重新焕发青春、再度发展。

（四）文化元素核心基因保存

1. 实物保存

定海测候所旧址现位于普陀国家气象观测站内，保护情况良好。

2. 图文资料

（1）胡瑞琪：《"定海测候所"历史渊源》，《浙江国际海运职业技术学院学报》2014年第4期。

（2）普陀政协文史与学习委员会编：《岁月印痕——普陀"文保"实录》，中国文史出版社，2015年。

（3）中国第二历史档案馆编，晨露夕舟选辑：《1929—1941年间竺可桢发展地方测候事业相关信函选》，《民国档案》2012年第1期。这部分信函亦可见《竺可桢全集》第22卷，上海科技教育出版社，2012年。

（4）陈学溶：《中国近现代气象学界若干史迹》，气象出版社，2012年。

（5）舟山市普陀区政协文史委：《近代报刊中的普陀》，中国文史出版社，2019年。

沈清故事

海天普陀　普陀文化基因

沈清故事

"孝女沈清"的故事是韩国人众所周知的传统故事。沈清原型是全罗南道谷城郡元奉事之女元洪庄,传说洪庄为报盲父养育之恩,捐身弘法寺,寺僧以"两船值钱的货物"为身价,卖给在百济经商的浙东富商沈国公为妻子。沈国公把洪庄带回沈家门以后,将其改名为沈清。沈清不忘故国的盲父,为使父亲重见光明,请人制作570尊观音佛像送回故乡。

（一）文化元素分解

1. 物质要素

（1）东亚海上丝绸之路的交通

古时大陆之间的交通主要依赖海上航线，虽然极尽艰险，但依然是贸易和交流的主要通道。跨湖桥遗址的考古发现，浙东越人是世界上最早使用航海器的古族之一，可视作中国古代海上丝绸之路的源头。海上交通的发展，沟通了东亚诸国，输出了中国的文化、艺术和发达的生产力，逐渐形成了"东亚文化圈"。

沈清的故事就是晋代和百济（朝鲜半岛古国）文化交流的一个例证。从全罗道到沈家门的航路，也正与北宋徐兢《宣和奉使高丽图经》所记从沈家门、普陀山出发抵达全罗道群山市的路线相合。沈家门也是东亚海上丝路的重要枢纽。

（2）汉传佛教的东传

两晋时期，正是浙东佛教寺院和佛教文化的兴起，佛教造像技术高速发展之时。西晋太康南迁的高僧来到了补怛洛伽（一作迦）山（今普陀山）创建观音道场。之后，观音信仰传遍东亚。于是沈清有机会制造观音佛像"运往故国"，实现了十多年来的尽孝之心愿。

(3) 中韩友好文化园——沈院

沈院是为纪念晋朝时期从百济嫁到普陀沈家门的孝女沈清而修建的中韩友好文化园,再现了沈清"卖身尽孝"的千古佳话,展现普陀与韩国谷城郡文化交流的历史渊源。沈院建筑面积747平方米,占地17000平方米,以"海陆厅""孝女馆""国公厅""沈德精舍""清浪榭""茶源轩""博雅厅"等为主要建筑,布展了300多件实物、辅助展品、大型美术作品等。

2. 精神要素

(1)至诚孝心、感天动地的品德

"孝"是诸德之本,教化之源,孝道是儒家伦理思想的核心。沈清自幼丧母,盲父向乡亲"求奶抚养",历尽辛劳,抚育她成人。为报父恩,沈清从小乞讨养活盲父,15岁听说"捐身入寺"可以让盲父复明而义无反顾进入寺院;意外被卖到异国他乡,而又念念不忘,制造观音佛像"运往故国",企求盲父复明且平安健康。

(2)仁爱之情、包容万物的情感

仁爱是儒家思想的核心,由爱亲到爱他人以及爱万物,是仁爱的重要表现。沈清少年明理,在乡里感恩乡亲、帮助乡亲。到异国他乡,多年思念故国和父亲,时时梦回故乡,刻刻牵挂盲父。多年来把对故国、父亲的感恩、思念和祝福凝聚在送回故土的观音佛像中。仁爱之心,包容博大。

(3)中韩文化交流的历史见证

就中国传统文化而言,儒学一直是中国传统社会的主流思想。"孝道""仁爱"观念是儒学思想的重要组成。公元前109年至前108年,汉武帝在朝鲜半岛设"汉四郡",儒学得到进一步的传播。新罗于公元7世纪统一朝鲜半岛,半岛更是大规模地学习儒学,设太学、建太庙,置五经博士及助教,教授儒家经典。随着中

国传统文化的不断影响,儒教的伦理规范则根深蒂固地深入韩国人的灵魂,韩国也自然成为东亚文化圈的一部分。作为韩国古代著名三大小说之一的《沈清传》,从其小说主题而言,显然体现了韩国的政治、教育、文化等都深深浸润着儒家思想。沈清故事就是中韩文化交流的重要见证。

（二）文化元素核心基因提取

尽孝求仁的中国传统思想观念和历史悠久的东亚文化交流。

（三）文化元素核心基因评价

评价项目	评价因子	评价依据（特点）	是否
生命力评价	文化基因存续的时间	自出现起延续至今，未曾明显中断	√
		自出现起延续至今，但多次衰微、中断后复兴	
		曾明显衰败，改革开放后开始复活复兴或历史溯源关键环节缺失，难以考证	
		文化形态主体已灭失，现存部分痕迹	
	文化基因的稳定性	在发展过程中保持相当稳定的状态	√
		在发展过程中存在明显的精神内涵、表现形式剧变	
凝聚力评价	文化基因的凝聚力及社会动员效果	曾广泛凝聚起区域群体的力量，显著推动过社会经济文化的发展	√
		曾部分凝聚起区域群体力量，对社会经济文化的发展产生过影响	
		凝聚过力量，创造过实际的发展动能，但未见对社会经济文化发展产生显著改变	
		仅在历史文献或口耳相传中存在，未见实际介入社会经济发展	

·070·

续表

评价项目	评价因子	评价依据（特点）	是否
影响力评价	辐射的范围	具有全国性、世界性的影响力	√
		具有长三角区域、浙江省影响力	
		具有市县、乡镇影响力	
	提炼的高度	已经被古代文人士大夫和当代学者提炼为精神符号和理念理论	√
		单纯的样式、造型、工艺技术规范	
发展力评价	与当代精神追求和价值观念的契合	传统文化基因得到创造性转化、创新性发展；区域革命文化基因被完整继承、广泛弘扬；区域社会主义先进文化基因成为与浙江"三个地"相适应的文化高地	√
		部分转化、部分弘扬、部分发展	
		难以转化、难以弘扬、难以发展	

说明：基因特点评价是对解码出来的基因，根据《导则》表2的要求，围绕"四个力"逐一对表打"√"，进行定性表述。

1. 生命力评价

"尽孝求仁"的中国传统文化品格和责任，影响着世世代代中国人的发展前行，构成了中国人的思想意识和行为规范，并在新时代衍生出丰富的内涵与价值，具有强烈的生命力。韩国自古典小说《沈清传》以来，现存《沈清传》版本多达200余种，并不断被改编为电影、歌剧、舞剧和动漫。传入中国至今，同样被改编为小说、故事和越剧等，成为中韩文化交流的经典，是东亚"命运共同体"的最好诠释。

2. 凝聚力评价

"尽孝求仁"的中国传统文化品格和责任，从历史角度广泛凝聚起中华民族的精神力量，推动着中华民族的历史发展，同时也影响着"东亚文化圈"各国的文化进步和文明发展。东亚各国地理相接、文化相近，"尽孝求仁"的文化品格和责任无论从历史还是未来都能够成为凝集人心、相互依存、共同发展的重要基础。

3. 影响力评价

沈清故事，自全州版《沈清传》面世以来一直都有国际性的影响，《沈清传》先后被改编为话剧、电影和歌剧等，成为韩国家喻户晓、妇孺皆知的故事，深受人们喜爱，历久不衰。1972年德国慕尼黑奥运会上，演出的《沈清传》歌剧曾令感动不已的观众长时间站立鼓掌。2012年，韩国环球芭蕾舞团的芭蕾舞剧《沈清》在世界各国公演，被誉为"东方的神秘明珠"。

2005年4月，舟山越剧清唱剧《沈清传》，在赴韩国文化交流演出活动中，受到了欢迎与广泛好评。沈院自开业以来已接待不少来自世界各地的参观者。

4. 发展力评价

沈清故事的文化基因有着广阔的发展前景，以"尽孝求仁"为主题，以东亚海上丝路为载体，以国际化为目标，普陀区应该可以成为十分重要的文化旅游目的地。尤其是进入新时代，在弘扬民族精神、坚定文化自信、推进"人类命运共同体建设"的背景下，对于中华民族伟大复兴中国梦的实现具有重要的推广价值。

（四）文化元素核心基因保存

1. 实物保存

建有纪念沈清的博物馆——沈院，为普陀海洋系列博物馆分馆之一。

2. 图文资料

（1）〔朝〕金亚夫改编：《沈清传》，梅峰译，中国戏剧出版社，1959年。

（2）〔朝〕郑夏摄撰文，金东成绘图：《沈青传——一部感天动地的孝女传奇》，李华、李华敏译，民族出版社，2007年。

（3）普陀区文体广电新闻出版局编印：《普陀非物质文化遗产·民间故事、歌谣、谚语卷》，2008年。

3. 音像表演

舟山市小百花越剧团越剧《沈清传》。

莲花洋和莲花岛

海天普陀 普陀文化基因

莲花洋和莲花岛

莲花洋，又叫莲洋，处于舟山本岛与普陀山之间，北接黄大洋，南为普沈水道。乾隆《重修普陀山志》卷一载："元丰中，倭人入贡，见大士灵异，欲载往其国。至洋，满海生铁莲花，舟不能行，倭惧而还之。洋之得名以此。"在普陀东港最东边的莲花洋上，有一座形如卧睡观音的小岛，原名茶壶甩岛，后由生态修复艺术家朱仁民先生投资2300万元建设，因与海天佛国普陀山相望，遂以具有禅意的"莲花"一词取名为"莲花岛"。

（一）文化元素分解

1. 物质要素

（1）登普陀山必由之航路

相传后梁贞明二年（916），慧锷从日本而来，在五台山请得一观音像回国。不料，行至洋中，"舟触新螺礁，莲花当洋，船蔽不前"。慧锷祈祷道："使我国众生无缘见佛，当从所向建立精蓝。"顷刻，船动了，行到潮音洞下而止。恰巧这被一个姓张的居民看到，有感观音显灵，变舍宅筑庵，供奉这尊观音像，遂称此庵为"不肯去观音院"。从此，普陀山开辟为观音道场。无独有偶，宋神宗元丰年间（1078—1085），有日本人遣宋入贡，听说"大士灵异，欲载往其国"，归去时到了洋中，"满海生铁莲花，舟不能行"，这个日本人很害怕，就没带走观音像回去了。因此，当地人就把这片海域称为"莲华洋"。莲花洋是历史上登普陀山进香的必由之航路。传闻鉴真和尚东渡之时，曾在莲花洋遇到大浪，浪间夹杂无限铁莲，大师默念佛号，忽见一铁牛徐徐而来，洋面遂风平浪静，铁莲迎面而开。

（2）禅宗文化景观

莲花岛上建有雕塑公园，也称莲花岛罗汉堂，由艺术家朱仁民设计并出资建设。在通往莲花岛的 800 米长堤上，矗立

着300多尊罗汉，亦庄亦谐，有喜有怒，或坐或卧，向着普陀山朝圣膜拜，"罗汉长堤"形成了一道引人入胜的禅宗文化景观。

慧锷广场，以海滩卵石拼铺，配以雕栏玉砌的构件，宛若一座星盘。在广场正中央，有一个长约3米的凹槽，仿佛一艘船的船头，船正面朝向莲花洋，慧锷古僧像正坐船中央，手捧观音像，神情沧桑、坚定。

2. 精神要素

（1）穿越时空的历史感悟

"我们面前的海天，正是一千年前慧锷所见海天。"这极具禅意和哲理的文字，是朱仁民先生在莲花岛的题词。莲花洋一侧是莲花岛，表述的是历史，是文化的沉淀，一侧是普陀山，是现实，是文化的呈现，两者在此出现了穿越时空的历史连接，两者的碰撞也让人在此产生了穿越时空的历史感悟，颇有唐人张若虚"江畔何人初见月，江月何年初照人？人生代代无穷已，江月年年只相似"的感受。

（2）海洋生存与观音信仰

观音信仰是重要的渔民和渔业的信仰。在古代中国的农耕文明中，海洋渔业和海岛生活是一种极其艰难的生存方式，惊天畏海的海岛渔人需要有一种心理的寄托和慰藉。与其说是莲花洋的铁莲花阻拦了观音东渡，不如说是东海的渔人用心留下了观音，成为东海北部渔民的心灵神话。

（3）东海航路的历史承载

莲花洋是古代中国"海上丝绸之路"中"东海航线"的主要出发航道。慧锷从这里起航、鉴真和尚东渡曾在这里逗留，历史上关于莲花洋有大量的记载和传说，证明古代中国与日本、韩国的海上交往通过这里进行，留下了"新罗礁""石牛港"等古代地名和传说，承载着丰厚的中国与东亚诸国文化、经济交流的内涵。

（二）文化元素核心基因提取

"莲花洋和莲花岛"的文化基因具有极大的开放性和包容性，相对而言，历史和现实的融合、东亚"海上丝绸之路"与东亚诸国的交往、渔民信仰和人与大海的和谐相处等几方面尤其重要，可以从体验、教育和感悟等方面加以转化和利用。

（三）文化元素核心基因评价

评价项目	评价因子	评价依据（特点）	是否
生命力评价	文化基因存续的时间	自出现起延续至今，未曾明显中断	√
		自出现起延续至今，但多次衰微、中断后复兴	
		曾明显衰败，改革开放后开始复活复兴或历史溯源关键环节缺失，难以考证	
		文化形态主体已灭失，现存部分痕迹	
	文化基因的稳定性	在发展过程中保持相当稳定的状态	√
		在发展过程中存在明显的精神内涵、表现形式剧变	
凝聚力评价	文化基因的凝聚力及社会动员效果	曾广泛凝聚起区域群体的力量，显著推动过社会经济文化的发展	√
		曾部分凝聚起区域群体力量，对社会经济文化的发展产生过影响	
		凝聚过力量，创造过实际的发展动能，但未见对社会经济文化发展产生显著改变	
		仅在历史文献或口耳相传中存在，未见实际介入社会经济发展	

续表

评价项目	评价因子	评价依据（特点）	是否
影响力评价	辐射的范围	具有全国性、世界性的影响力	√
		具有长三角区域、浙江省影响力	
		具有市县、乡镇影响力	
	提炼的高度	已经被古代文人士大夫和当代学者提炼为精神符号和理念理论	√
		单纯的样式、造型、工艺技术规范	
发展力评价	与当代精神追求和价值观念的契合	传统文化基因得到创造性转化、创新性发展；区域革命文化基因被完整继承、广泛弘扬；区域社会主义先进文化基因成为与浙江"三个地"相适应的文化高地	√
		部分转化、部分弘扬、部分发展	
		难以转化、难以弘扬、难以发展	

说明：基因特点评价是对解码出来的基因，根据《导则》表2的要求，围绕"四个力"逐一对表打"√"，进行定性表述。

1. 生命力评价

日本国僧慧锷的故事有着广泛的传播，观音信仰被称为"半个亚洲的信仰"。莲花洋自古以来作为一个文化符号的存在，显现着历史的光影，成为人们参拜观音、探寻东海航线历史的理想目的地。莲花岛是体现当代禅宗艺术的艺术岛，穿越了历史，感悟着人生，丰富着艺术发展。它自建设以来一直处于艺术领先的状态，得到了各方好评。禅宗文化与艺术的有机连接，构成了极具生命力的文化基因。

2. 凝聚力评价

观音信仰是东海北部渔民的心灵神话，是内心的寄托和慰藉，也为他们勇敢面向大海、挑战海洋作了心理铺垫。文化凝聚力广泛性、生动性和深刻性具有深厚基础。

3. 影响力评价

随着"海上丝绸之路"所带动的文化迁移，观音文化和观音信仰不断向东亚诸国发展，形成了日本、韩国的观音文化。同时，"海上丝绸之路"承载的中华文化也影响着日韩两国的文化发展。多年来，大量的日韩学者、信众和探险家、航海家纷至沓来，探寻文化根源、探索东亚航线，莲花洋和莲花岛具有广阔的影响力。

4. 发展力评价

生命力、凝聚力和影响力为发展力提供了基础。莲花洋和莲花岛的地理区位和丰厚的文化内涵实践着广阔的生命力。多年以来普陀区年均游客量超过3500万人次，完美体现了文化元素的发展前景。

（四）文化元素核心基因保存

1. 实物保存

莲花岛公园建有大量的禅宗艺术雕塑。

2. 图文资料

（1）关于"莲花洋"的记载，在历代定海县志和历代普陀山志中大量存在，如康熙《定海县志》、光绪《定海厅志》、民国《定海县志》、乾隆《重修普陀山志》、民国《普陀洛迦新志》等。

（2）古代吟诵"莲花洋"的诗歌。

『里斯本丸』号营救

海天普陀 普陀文化基因

"里斯本丸"号营救

据新华网 2022 年 9 月 3 日《80 年前，中国人民营救"里斯本丸"号英军战俘始末》记载，1942 年 9 月 27 日上午，"里斯本丸"号从香港深水埗码头出发，搭载了 1800 多名英军战俘和侨民，以及 700 多名日本士兵和平民。10 月 1 日清晨，未按国际公约安装红十字标志的"里斯本丸"号行至舟山群岛东面海域，被美军潜艇"鲈鱼"号用鱼雷击中船尾。日军多艘船只赶到现场，只撤离了自己人，竟不顾战俘强烈抗议，将他们关在底舱。此后，部分战俘开始自救，他们撞破舱门，冲上甲板，但是日军却开枪阻拦，并射杀了多人。2 日清晨附近的青浜岛和庙子湖岛（两岛今属普陀区东极镇）上的渔民，发现海面上有大船下沉，还有不同发色的外国人从海上漂来，立即划着木质渔船，奋勇营救。他们先后出动小渔船 46 艘 65 次，最终救起 384 名战俘，并且在荷枪实弹的日军登岛搜捕战俘时，帮助其中 3 人隐蔽下来。这 3 人最终来到中国抗战的大后方重庆，向世人揭露了日军企图借刀杀人，见死不救的真相。"里斯本丸"营救事件，是世界反法西斯战争中的一个重要历史事件。

（一）文化元素分解

1. 物质要素

（1）"里斯本丸"号

"里斯本丸（Lisbon Maru）"号是一艘日本客货轮，于1920年5月31日下水，隶属日本横滨船坞公司，长120米、宽18米、排水量7152吨，是在第二次世界大战期间来往日本与中国之间用作运载战俘的船只。"里斯本丸"号沉没的地点位于普陀区东极镇青浜岛东北附近海面，残骸至今仍躺在东极海域海底。

（2）营救事件

1942年9月27日，"里斯本丸"号满载1816名英军

战俘（含部分后备军人员及加拿大官兵），从香港启航驶向日本。1942年10月1日，船只行至舟山群岛东面海域时，由于并无标示是运载战俘的船只，遭到美国太平洋舰队潜艇鱼雷攻击，次日沉没。东极渔民先后出动小渔船46艘65次，共从海上救起384名英军战俘（庙子湖渔民救起106人，青浜渔民救起278人），并掩护3名藏在青浜岛南田湾小湾洞的战俘躲过大搜捕，后转送至重庆。另有381名战俘虽然又重入敌手，但在战后大部分人都幸存回国。2005年4月1日，在纪念抗日战争胜利60周年的前夕，浙江省档案馆首次公开了编号为L030-236、多达99页的"里斯本丸"号沉船事件档案。

(3)东极"里斯本丸"号营救事件纪念馆

2009年7月，"里斯本丸"号沉船事件纪念馆建成。该馆位于东极历史文化博物馆二楼，主要展示1942年10月发生在东极洋面的"里斯本丸"号营救事件的图文介绍，陈列东极渔民勇救遇难英军时留下的证物及英军用过的生活用具和物品。

"里斯本丸"号营救事件纪念馆内景

2. 精神要素

(1)中英两国人民"战火中的情谊"

《里斯本丸沉没》一书的英国作者托尼·班汉姆、香港第二次世界大战退伍军人会会长郑治平曾一同来到东极；英国获救老兵从英国千里迢迢来到舟山东极岛，寻访当年的救命恩人，凭吊葬身海底的战友。2015年10月，国家主席习近平在出席英国女王伊丽莎白二世举行的欢迎晚宴时说："第二次世界大战期间，中国浙江省舟山渔民冒着生命危险营救了日本'里斯本丸'号上数百名英军战俘。中英两国人民在战火中结下的情谊永不褪色，成为两国关系的宝贵财富。"（《习近平晚宴致辞：中英双方应把握机遇 携手前行》，央广网，2015年10月21日）

(2)救危扶弱的海洋文化精神

中国海洋文化的重要特征之一是

"同舟共济、救危扶弱",危险的海洋生活和生产形成了渔民在海上共同支持、相互救援的文化传统。岛上的老人说:"咱们岛上渔民有个习惯,发现有人落海就要拼命相救。""里斯本丸"号事件发生过程中,舟山东极渔民冒险救援海难,自发驾驶渔船救援,当时有船的都出去救人了。

(3) **博大的人道主义情怀**

"里斯本丸"号沉没地点位于东极海面,最近的青浜、庙子湖两个海岛,位于舟山群岛最东端的中街山列岛。随着"里斯本丸"号的沉没,大量货物和财物漂浮于海面,舟山东极渔民不为任何财物所动,专注一心救助英军战俘;同时在日军上岛搜寻战俘过程中,挺身而出保护战俘,并通过多种方法把战俘送回内地,体现出深厚的人道主义、国际主义精神。

（二）文化元素核心基因提取

中英两国人民"战火中的情谊""救危扶弱"的海洋文化精神和博大的人道主义情怀，是"里斯本丸"号营救事件的精神内核所在。

（三）文化元素核心基因评价

评价项目	评价因子	评价依据（特点）	是否
生命力评价	文化基因存续的时间	自出现起延续至今，未曾明显中断	√
		自出现起延续至今，但多次衰微、中断后复兴	
		曾明显衰败，改革开放后开始复活复兴或历史溯源关键环节缺失，难以考证	
		文化形态主体已灭失，现存部分痕迹	
	文化基因的稳定性	在发展过程中保持相当稳定的状态	√
		在发展过程中存在明显的精神内涵、表现形式剧变	
凝聚力评价	文化基因的凝聚力及社会动员效果	曾广泛凝聚起区域群体的力量，显著推动过社会经济文化的发展	√
		曾部分凝聚起区域群体力量，对社会经济文化的发展产生过影响	
		凝聚过力量，创造过实际的发展动能，但未见对社会经济文化发展产生显著改变	
		仅在历史文献或口耳相传中存在，未见实际介入社会经济发展	

续表

评价项目	评价因子	评价依据（特点）	是否
影响力评价	辐射的范围	具有全国性、世界性的影响力	√
		具有长三角区域、浙江省影响力	
		具有市县、乡镇影响力	
	提炼的高度	已经被古代文人士大夫和当代学者提炼为精神符号和理念理论	√
		单纯的样式、造型、工艺技术规范	
发展力评价	与当代精神追求和价值观念的契合	传统文化基因得到创造性转化、创新性发展；区域革命文化基因被完整继承、广泛弘扬；区域社会主义先进文化基因成为与浙江"三个地"相适应的文化高地	√
		部分转化、部分弘扬、部分发展	
		难以转化、难以弘扬、难以发展	

说明：基因特点评价是对解码出来的基因，根据《导则》表2的要求，围绕"四个力"逐一对表打"√"，进行定性表述。

1. 生命力评价

"里斯本丸"号营救事件的前因后果以及大半个世纪的延续历史，充分展现了该文化基因强大的国际性、历史性及无限的生命力。以国际反法西斯战争为背景，以人类和平为主调，以广阔的海洋和舟山群岛为底色，以人道主义、国际主义为主题，波澜壮阔，直抵人心，是历史和情感的高度浓缩和深度沉淀，也是极具现代生命力的文化基因。

2. 凝聚力评价

人类历史的进程，始终在于坚持和平发展，在于坚持人性和人道主义，在于人类反思历史而后奋力前行。"里斯本丸"号营救事件的文化基因，正是传达了一种人类发展的正能量，以国际主义、人道主义精神推进人类世界向更好方向进发。

3. 影响力评价

"里斯本丸"号营救事件已经产生了极大的影响力。自1948年5月英国派英舰前往定海县东渔人岛赠谢曾救助过英俘的居民起，70余年间举办了多次纪念活动，如：1949年2月17日在香港隆重纪念"里斯本丸"号事件；2002年10月在东极渔民勇救二战遇难英军60周年之际，中国邮政部门印发了2600多份纪念邮票；《里斯本丸沉没》英国作者托尼·班汉姆、香港第二次世界大战退伍军人会会长郑治平、英国获救老兵查尔斯都曾到过东极；2008年1月以营救事件为主题的电影《东极拯救》在全国公映；2012年举行"里斯本丸"号遇难70周年纪念活动；2017年舟山和伦敦同步举行"里斯本丸"号沉没75周年纪念活动；等等。

4. 发展力评价

"里斯本丸"号营救事件的历史文化沉淀和见证，展现出无限的发展可能，能够不断地唤醒我们的精神，凝聚精神，代代传承，实现伟大梦想。

（四）文化元素核心基因保存

1. 实物保存

"里斯本丸"号营救事件纪念馆（舟山东极历史文化博物馆），位于东极镇庙子湖中街山路。

2. 图文资料

（1）浙江省档案馆"里斯本丸"号沉船事件档案（L030-236）。

（2）中共舟山市委宣传部编：《大海作证——里斯本丸沉船事件资料汇编》，2006年。

（3）唐洪森：《"里斯本丸"沉船事件研究》，人民出版社，2007年。

（4）阎受鹏、孙和军：《东极之光——"里斯本丸"事件纪实》，浙江大学出版社，2019年。

3. 音像资料

2008年，电影《东极拯救》在全国公映，时任英国驻中国大使欧威廉爵士观影之后，盛赞"《东极拯救》是一部非常好的电影"。该片被文化部外联局选为本年度外宣片，译成英、法、日等9种语言，对外宣传。

财伯公传说

海天普陀　普陀文化基因

财伯公传说

据传，财伯公原名陈财福，是明末清初年间福建惠安的一个普通渔民，那时东南沿海的渔民身上穿的都是背心和笼裤。有一天，陈财福和几个渔民摇着一只小舢板在沿海捕鱼，不料突然遭遇了狂风暴雨，一下子就将船打翻了。其他渔民都葬身海底，只有陈财福凭着一身好水性，孤身一人游到了庙子湖岛。陈财福看到庙子湖岛的港湾可以避浪，于是就在这个岛上住了下来，靠拾海螺生活。每当风暴或大雾天气的时候，他就会走到山上放火，指引过往渔船到这里避风。这种行为持续了约半年之久，直到他自己无力再支撑，便死在了前往山顶放火的路上。过了一段时间，渔民们见山上没有引导的火光了，以为是菩萨不显灵了，于是便有胆大的渔民上岛查看。他们在山上发现了一间简陋的草房，并且在一旁的山路上发现了一具尸骨。这时，渔民们连猜带想才隐约知道了是怎么回事。为了纪念陈财福的善举，当地人把他的尸骨带到了庙子湖庙坑的小庙中，将其骨头装进佛柜里供起来，大家尊称他为财伯公，并把他放火的那个山头称为放火山。2013年，"财伯公传说"被列入第五批市级非物质文化遗产名录。

（一）文化元素分解

1. 物质要素

（1）艰苦的海岛环境

东极岛远离大陆、孤悬海上。据传两三百年前的某一个夜晚，海雾弥漫，有艘渔船在东极洋面触礁沉没，唯有福建惠安渔民陈财福凭着一身好水性游上了庙子湖岛而幸存。在岛上住下来以后，每逢雾夜天，他就跑到山上，点起火把，船上渔民看见后，就会向着火光来庙子湖岛避风。大家都以为是菩萨显灵。半年后，渔民们再也没见过山上火光了。渔民上山去查看，在草丛中发现一具骨骸，这才推测出是怎么回事。从此人们把陈财福当成了心目中的菩萨。财伯公传说很大程度上反映出海岛资源匮乏、环境艰苦、地理气候条件恶劣的情况和海岛人民对于安稳生活的渴望。

（2）财伯公塑像

2002年，东极岛民在放火山山顶塑造了一尊高大的财伯公塑像，他手持火把、目光炯炯、直视海面，似乎还在为广大渔民指引航路，保佑渔民出入平安。同时，东极镇对附近的财伯公庙和墓做了重新修整。现今，该地已成为东极镇中华优秀传统教育基地和旅游景点，成为去东极诸岛游客的必到打卡之地。

2. 精神要素

（1）财伯公的守望

守望是一种奉献，守望是一种责任，守望也是一种精神。财伯公传说中，守望助人、无私奉献是中华民族的优秀传统美德。如今，渔民们日常不再着从前的装束，而财伯公的故事也渐渐在年青一代中鲜有人知，但这把风雨的夜里举起的火把，将世世代代照亮每个人的归家之路，是矗立在海岸线的精神守望。

（2）舍身奉献的精神

直到现在，东极还流传着这样一句顺口溜——"青浜庙子湖，菩萨穿笼裤"，说的就是财伯公。现在财伯公塑像就是穿着背心和笼裤，那是当年渔民流行的装束。大海深处的生活和生产，是极其危险的，人们自然形成了不少神灵崇拜，而在这里，岛民把一个普通的为人们点亮航路的渔民提升为神灵，足见财伯公的伟大奉献精神和渔民的感恩之情。

3. 制度要素

民间习俗，凡是家里有人捕鱼的，每逢初一、十五都会穿上背心和笼裤去放火山祭拜，希望得到财伯公保佑，祈祷出海生产平安。

（二）文化元素核心基因提取

财伯公传说的文化基因包含着中国优秀传统文化，财伯公孤独的守望精神和岛民们淳朴的感恩精神都具有极大的震撼力和冲击力，可以从体验、教育和感悟等方面加以转化和利用。

（三）文化元素核心基因评价

评价项目	评价因子	评价依据（特点）	是否
生命力评价	文化基因存续的时间	自出现起延续至今，未曾明显中断	√
		自出现起延续至今，但多次衰微、中断后复兴	
		曾明显衰败，改革开放后开始复活复兴或历史溯源关键环节缺失，难以考证	
		文化形态主体已灭失，现存部分痕迹	
	文化基因的稳定性	在发展过程中保持相当稳定的状态	√
		在发展过程中存在明显的精神内涵、表现形式剧变	
凝聚力评价	文化基因的凝聚力及社会动员效果	曾广泛凝聚起区域群体的力量，显著推动过社会经济文化的发展	√
		曾部分凝聚起区域群体力量，对社会经济文化的发展产生过影响	
		凝聚过力量，创造过实际的发展动能，但未见对社会经济文化发展产生显著改变	
		仅在历史文献或口耳相传中存在，未见实际介入社会经济发展	

续表

评价项目	评价因子	评价依据（特点）	是否
影响力评价	辐射的范围	具有全国性、世界性的影响力	
		具有长三角区域、浙江省影响力	
		具有市县、乡镇影响力	√
	提炼的高度	已经被古代文人士大夫和当代学者提炼为精神符号和理念理论	√
		单纯的样式、造型、工艺技术规范	
发展力评价	与当代精神追求和价值观念的契合	传统文化基因得到创造性转化、创新性发展；区域革命文化基因被完整继承、广泛弘扬；区域社会主义先进文化基因成为与浙江"三个地"相适应的文化高地	
		部分转化、部分弘扬、部分发展	√
		难以转化、难以弘扬、难以发展	

说明：基因特点评价是对解码出来的基因，根据《导则》表2的要求，围绕"四个力"逐一对表打"√"，进行定性表述。

1. 生命力评价

财伯公传说生命力旺盛，至今已有两三百年的历史，而且到现在仍有祭祀活动，在当地群众的心目中有着重要地位。其体现的"守望"精神和"感恩"精神，是中国优秀传统文化的组成部分，自然会不断传承和发展。

2. 凝聚力评价

财伯公传说的凝聚力，主要集中在其赋予的"守望"精神和"感恩"精神,尤其在广大的海洋海岛地区,其凝聚人心、传承发展的力量尤为明显。

3. 影响力评价

由于财伯公传说文化元素的地域性影响,其影响力只是停留在传说的区域,影响力相对弱些、不够宽广,也影响了文化基因转换利用的可能性。

4. 发展力评价

在弘扬中华优秀传统文化的背景下,财伯公传说的精神内涵需要充分地发展和传承。因此,可设计相关手段,用现代的方式实现文旅融合。

（四）文化元素核心基因保存

1. 实物保存

东极岛上建有陈财伯之墓、财伯公庙和财伯公塑像。

2. 图文资料

舟山市普陀区文体广电新闻出版局编印："舟山市普陀区非物质文化遗产丛书"之《普陀区非遗名录图文大观》，2016年。

《战士第二故乡》

海天普陀　普陀文化基因

《战士第二故乡》

《战士第二故乡》创作于1963年春，由张焕成作词、向彤改词、沈亚威作曲，顾松民、李双江、郁钧剑、阎维文、江涛等都演唱过这首歌。这是一首反映中国军人扎根军营、热爱驻地、乐于奉献精神的歌曲。

　　《战士第二故乡》的词作者张焕成，于1958年11月应征入伍来到东福山岛。东福山岛位于浙江省舟山市普陀区东极镇，离公海不远，是东海中的一座孤岛，面积2.96平方千米，常年云遮雾罩。部队上岛时，岛上渺无人烟，荒凉至极。据传秦代方士徐福出海寻丹曾到过此岛，"东福山"就是以徐福至此而命名的。由于东福山等群岛临近公海，历史上英国、日本侵略者都把这些岛屿作为入侵中国的跳板。国民党败退中国台湾后，不断叫嚣要反攻大陆，因此东福山等岛屿就成为防守的最前哨。过去由于岛上荒芜，东福山岛驻军的粮食蔬菜供应全部靠派船运送。若遇台风季节，粮食蔬菜运送不上，有时候官兵们一日粮食只有半斤米，没有菜蔬，只好配盐汤。因此，官兵们编了句顺口溜："住帐篷，喝盐汤，半斤粮，肚角装，不怕苦，守边防……"为解决生活困难，官兵们自己动手，搬走石头，修建营房，用一小块一小块地来种菜。入伍半年多来，张焕成被部队官兵扎根海岛、艰苦坚守祖国东海大门的精神所震撼，开始用诗歌的形式在笔记本上记录自己的内心感受。只上过三个月学堂的他，有好多字不会写，他便向战友们讨教。写了改，改了写，自1959年决定写首"小诗"起，张焕成整整写了3年，直到1962年才算定稿。

"云雾满山飘／海水绕海礁／人都说咱岛儿荒／从来不长一棵树／全是那石头和茅草／有咱战士在山上／管叫那荒岛变模样／搬走那石头／修起那营房／栽上那松树／放牧着牛羊／啊东福山，你是我们战士的乐园／是我们日夜守卫的地方。"

这就是张焕成历时3年写成的直抒胸臆的歌曲原词。"写这首诗时，根本没想到它能成为战友们传唱的歌曲。当时，就是想把我们海防一线战士的真实生活和真切心声写出来。"张焕成2007年在原南京军区联勤部纪念建军80周年歌咏大会现场介绍道。

1963年春，时任原南京军区文化部部长、副军职创作员的沈亚威和词作家向彤一起到东福山体验生活。当时，连队副指导员韩光前要求战士们把自己写的心得体会交到连部，用以充实、更换黑板报。张焕成鼓起勇气，把他也认不准到底是不是诗的作品交了上去。第二天，张焕成用3年心血写就的题为"以岛为家"的诗歌被抄在了黑板报上。就在沈亚威、向彤临别小岛时，从连部黑板报上看到了这首短诗，深深被这生动质朴的诗句，以及诗句中所表达的战士们坚守海岛的坚强信念和乐观主义精神所感动。"这是一首生动地表达战士对建立海上乐园充满信心的好诗,作为歌词也完全合适,于是我把它抄在记事本上。"后来,沈亚威在创作散记中回忆说。

向彤在张焕成原诗的基础上作了一些修改:一是把"啊,东福山,你是我们战士的乐园／是我们日夜守卫的地方"改为"啊,祖国,亲爱的祖国／你可知道战士的心愿／这儿正是我最愿意守卫的地方",从而使这首歌的主题和守岛战士胸怀祖国的理想联系起来;二是把"以岛为家"延伸为"第二故乡",标题定为"战士第二故乡"。沈亚威在东福山岛归来的登陆艇上就谱出了《战士第二故乡》的曲子。

（一）文化元素分解

1. 物质要素

（1）《战士第二故乡》歌曲的由来

《战士第二故乡》的词作者是张焕成，于1958年11月应征入伍来到东福山岛。他用诗歌的形式在笔记本上记录自己的内心感受，历时三年写成歌词原曲。

1963年春，时任原南京军区文化部部长、副军职创作员的沈亚威和词作家向彤到东福山体验生活，从连部黑板报上看到了这首短诗，十分欣喜。向彤在原诗基础上作了修改，沈亚威在东福山岛归来的登陆艇上就谱出了《战士第二故乡》的曲子。

（2）"战士第二故乡"石刻

"战士第二故乡"石刻，位于舟山市普陀区东极列岛庙子湖岛海防营。石刻为海防营纪念张焕成而立，刻有其在恶劣的环境下坚守岗位并创作出《战士第二故乡》歌词的事迹。

2. 精神要素

（1）坚守海岛的坚强信念和乐观主义精神

守岛战士坚守在远离大陆的海岛，生活条件十分艰苦，生存十分困难。《战士第二故乡》在唱出东极东福山岛特点的同时，更反映出驻岛官兵扎根海岛、艰苦坚守的乐观主义精神，这种精神永不过时。

(2) 守岛战士胸怀祖国的理想

《战士第二故乡》的主题和守岛战士胸怀祖国的理想联系起来，把"以岛为家"延伸为"第二故乡"，成为我军广大官兵以岗为家、保卫边疆、热爱祖国之崇高情感的一种写实。

(二)文化元素核心基因提取

《战士第二故乡》的文化基因,包含着中国戍边军人在海洋边境线上体现的坚守海岛的坚强信念、乐观主义精神和守岛战士胸怀祖国的理想。这些文化基因十分重要深邃,具有极大的心灵震撼力和冲击力,在新时代中国发展进程中依然发挥着重要作用。

（三）文化元素核心基因评价

评价项目	评价因子	评价依据（特点）	是否
生命力评价	文化基因存续的时间	自出现起延续至今，未曾明显中断	√
		自出现起延续至今，但多次衰微、中断后复兴	
		曾明显衰败，改革开放后开始复活复兴或历史溯源关键环节缺失，难以考证	
		文化形态主体已灭失，现存部分痕迹	
	文化基因的稳定性	在发展过程中保持相当稳定的状态	√
		在发展过程中存在明显的精神内涵、表现形式剧变	
凝聚力评价	文化基因的凝聚力及社会动员效果	曾广泛凝聚起区域群体的力量，显著推动过社会经济文化的发展	√
		曾部分凝聚起区域群体力量，对社会经济文化的发展产生过影响	
		凝聚过力量，创造过实际的发展动能，但未见对社会经济文化发展产生显著改变	
		仅在历史文献或口耳相传中存在，未见实际介入社会经济发展	

续表

评价项目	评价因子	评价依据（特点）	是否
影响力评价	辐射的范围	具有全国性、世界性的影响力	√
		具有长三角区域、浙江省影响力	
		具有市县、乡镇影响力	
	提炼的高度	已经被古代文人士大夫和当代学者提炼为精神符号和理念理论	√
		单纯的样式、造型、工艺技术规范	
发展力评价	与当代精神追求和价值观念的契合	传统文化基因得到创造性转化、创新性发展；区域革命文化基因被完整继承、广泛弘扬；区域社会主义先进文化基因成为与浙江"三个地"相适应的文化高地	√
		部分转化、部分弘扬、部分发展	
		难以转化、难以弘扬、难以发展	

说明：基因特点评价是对解码出来的基因，根据《导则》表2的要求，围绕"四个力"逐一对表打"√"，进行定性表述。

1. 生命力评价

《战士第二故乡》歌曲自1963年问世以来，一直在中国大地广泛流传，改革开放以后，随着媒体业的高速发展，更是成为中国家喻户晓的歌曲，成为中国沿海守岛部队的"岛歌"。六十余年来余音缭绕，生命力极其强劲。

2. 凝聚力评价

六十余年的传唱和流行，深刻体现了《战士第二故乡》歌曲的凝聚力。歌曲中的艰苦奋斗、坚定信念、爱国主义和乐观主义内涵精神深刻影响了几乎整整两代中国人。

3. 影响力评价

1963年在北京举办的全军第三届文艺会演中,《战士第二故乡》由歌唱家顾松民演唱,获得了好评,从此成为一首名曲。1981年,在沈亚威作品专场音乐会上,《战士第二故乡》这首歌改由李双江演唱,又在原唱后增加了"这儿正是我们第二故乡"。自此以后便在部队、城乡进一步广泛流传,成为我军广大官兵以岗为家、保卫边疆、热爱祖国之崇高情感的一种写照。尤其是沿海守备部队,更是把这首歌作为战士的必唱歌曲,成为守岛部队的"岛歌"。

4. 发展力评价

歌曲中所蕴含的内涵精神,是中国人民战胜一切困难的力量和支柱,在新时代依然需要发扬光大。人是要有一点精神的,这也是《战士第二故乡》歌曲发展力的重要依据。

（四）文化元素核心基因保存

图文资料

（1）夏秀文:《〈战士，第二故乡〉和她的词作者张焕成》，《国防》1999年第7期。

（2）向联：《〈战士第二故乡〉的诞生》，《歌曲》2000年第8期。

（3）白马：《张焕成与〈战士第二故乡〉》，《新民晚报》2020年5月12日。

接待寺

海天普陀　普陀文化基因

接待寺

接待寺坐落在中国佛教四大名山之一的普陀山对面，沈家门渔港北侧。其距今已有500多年历史，明清时为普陀山宝陀观音寺下院。1930年迁至天打岩山嘴。1999年8月被公布为舟山市普陀区区级文物保护单位。

（一）文化元素分解

1. 物质要素

（1）接待寺历史

据光绪《定海厅志》记载，明成化元年（1465），由僧德慧始建于沈家门深隩。明清时为普陀山宝陀观音寺下院，普陀朝圣的起点。南明监国年间，曾是张名振、张煌言等坚持海岛抗清的屯兵扎营之处。后寺殿几经废兴。清雍正年间（1723—1735），天打岩官商出资重建。1930年，因山匪骚扰，依原样迁至沈家门天打岩山嘴。

（2）接待寺规模

该寺坐北朝南，现有大雄宝殿、台门、圆通宝殿、天王殿、地藏殿、三圣殿、千手观音殿、钟楼、鼓楼和其他各种用房，全寺建筑占地面积5000余平方米。大雄宝殿，面阔三间，长12.60米，通进深13.60米，明间五架梁，其余穿斗式，用桁9根，明、次间各6扇六抹头菱形花格门，正脊设吻兽，中间饰连球，屋面盖小青瓦。

2. 精神要素

（1）接待信众、普度众生

由于普陀山朝圣需要渡海而行，因此自明代建寺以来一直

作为普陀山观音道场的接待场所,接待信众、安排膳食住宿,接引香客、努力普度众生,实践着大慈大悲的情怀。

(2)广结善缘、坚持民族大义

南明监国年间,鲁王因朝礼普陀山而驻跸于寺,张名振、张煌言等抗清名将曾在此屯兵扎营,坚守民族大义,坚持与清军抗争。那时的沈家门接待寺香火兴旺,僧众一度多达80余人,广结善缘,影响甚广。

（二）文化元素核心基因提取

接待寺的文化基因，包含着慈悲为怀、普度众生、广结善缘、坚持民族大义的情怀和理想。这既体现了观音道场和人间佛教的美好愿望，也体现了对中华民族气节和精神的大力弘扬。

（三）文化元素核心基因评价

评价项目	评价因子	评价依据（特点）	是否
生命力评价	文化基因存续的时间	自出现起延续至今，未曾明显中断	√
		自出现起延续至今，但多次衰微、中断后复兴	
		曾明显衰败，改革开放后开始复活复兴或历史溯源关键环节缺失，难以考证	
		文化形态主体已灭失，现存部分痕迹	
	文化基因的稳定性	在发展过程中保持相当稳定的状态	√
		在发展过程中存在明显的精神内涵、表现形式剧变	
凝聚力评价	文化基因的凝聚力及社会动员效果	曾广泛凝聚起区域群体的力量，显著推动过社会经济文化的发展	√
		曾部分凝聚起区域群体力量，对社会经济文化的发展产生过影响	
		凝聚过力量，创造过实际的发展动能，但未见对社会经济文化发展产生显著改变	
		仅在历史文献或口耳相传中存在，未见实际介入社会经济发展	

续表

评价项目	评价因子	评价依据（特点）	是否
影响力评价	辐射的范围	具有全国性、世界性的影响力	
		具有长三角区域、浙江省影响力	
		具有市县、乡镇影响力	√
	提炼的高度	已经被古代文人士大夫和当代学者提炼为精神符号和理念理论	√
		单纯的样式、造型、工艺技术规范	
发展力评价	与当代精神追求和价值观念的契合	传统文化基因得到创造性转化、创新性发展；区域革命文化基因被完整继承、广泛弘扬；区域社会主义先进文化基因成为与浙江"三个地"相适应的文化高地	
		部分转化、部分弘扬、部分发展	√
		难以转化、难以弘扬、难以发展	

说明：基因特点评价是对解码出来的基因，根据《导则》表2的要求，围绕"四个力"逐一对表打"√"，进行定性表述。

1. 生命力评价

作为普陀山朝圣的起点，接待寺几经废兴，规模较始建时得以扩大，持续发挥着接待普陀山观音道场的香客的作用。至今，接待寺在吸引香客的同时，也成为"普陀山香道"的历史见证，2019年被评为国家AA级旅游景区。

2. 凝聚力评价

汉传佛教是中国传统文化的重要组成部分，儒释道三者融合的文化体现了中华文明的包容性，已经渗入中国人的灵魂深处。因此，其凝聚力不可小视。

3. 影响力评价

观音道场的影响力可以辐射全国，作为观音道场的接待寺自然也随之扩大和发展，只是接待寺偏于"海角天涯"，其影响力主要只停留在周边的区域。

4. 发展力评价

从古至今，交通方式出现了天翻地覆的变化，接待寺的接待功能也自然减弱。但是作为历史的见证、文化的承载，接待寺已然成为一种文化符号，彰显着深厚的文化内涵。

（四）文化元素核心基因保存

图文资料

（1）史致训、黄以周等：《定海厅志》，上海古籍出版社，2011年。

（2）舟山市普陀区文体广电新闻出版局编印：《普陀记忆——普陀区文物史迹图文集》，2010年。

普陀佛茶

海天普陀 普陀文化基因

普陀佛茶

普陀佛茶，又称普陀山佛茶，产于舟山市东南部莲花洋上的普陀山。普陀山的顶峰——佛顶山，属于亚热带海洋性气候。这里冬暖夏凉，四季湿润，土地肥沃，林木茂盛，日出之前云雾缭绕，露珠沾润，茶树大都分布在山峰向阳面和山坳避风的地方。这些为茶树的生长提供了十分优越的自然环境。

普陀佛茶一般在清明节前后采制，取鲜叶一芽一叶或一芽二叶初展，要求"匀、整、净、嫩"。鲜叶采回后，经过薄摊、杀青、揉捻、搓团、起毛、干燥等工序制作成茶。普陀佛茶外形"似螺非螺，似眉非眉"，色泽翠绿披毫，香气馥郁芬芳，汤色嫩绿明亮，滋味甘醇爽口。佛茶制成后，风貌特殊，外形紧细，卷曲呈螺形，色泽绿润显毫；冲泡后汤色黄绿明亮，芽叶成朵；饮后，顿感香气清新高雅，滋味鲜美浓郁。又因其似圆非圆的外形略像凤尾，故亦称"凤尾茶"。

关于佛茶的历史渊源，可以追溯至隋唐时期。隋唐时期，尤其是唐代（除唐武宗时期外），由于朝廷的提倡，佛教得到了较大发展，僧居佛刹遍布全国各地。许多寺院不仅成为传播佛学思想的地方，而且成为经济单位。寺院常又建于名山名水之间，气候宜植茶，故佛茶自此初步形成。但是使佛理与茶理真正结合，形成佛茶文化，是禅宗的贡献，至今在中、日等国还流行着"茶禅一味"的说法。中唐以后，南宗成为禅宗正统，受到唐王室重视。禅宗主张以坐禅修行的方法"直指人心，见性成佛，不立文字"。也就是心里清净，没有烦恼，此心即佛；其次主张逢苦不忧，遇乐不喜，无求即乐。因为它的出现，佛茶文化有了自己独立的意境。

从哲学观点看，禅宗强调自身领悟，即所谓"明心见性"，要屏弃世俗杂念，彻底领悟本性（即佛性）。从这点说，茶能使人心静、不乱、不烦，有乐趣，但又有节制，与禅宗思想相适应。禅宗在茶中融进"静寂"思想，希望通过饮茶把自己与山水、万物、宇宙融为一体，在饮茶中求得美好的生命韵律，得到精神寄托。这也是禅宗提倡的一种"悟"，所以说"茶禅一味"，茶道精神与禅宗思想是相通的。正是由于禅师们在追求静悟方面的执着，佛茶文化的意境得以确立，将饮茶从技艺层面提高到了精神的高度，从而在中国历史上出现了"茶道"概念。

宋代是中国历史上茶文化高度发展并迅速走向成熟的重要时期，寺院茶得到了极大发展。自圆悟克勤禅师提出"茶禅一味"之后，茶与禅便形影相随，几乎寺必备茶，僧必饮茶。据《普陀县志》载，普陀山产茶历史悠久，宋代已盛。从北宋元丰三年（1080）开始，中央王朝为表达对观音大士的虔诚，在派人朝觐之余，还不断地划拨周边田亩供普陀山僧使用。僧田供斋粮之余，部分也用来植茶，于是佛茶发展达到了兴盛期。在南宋宁宗时期，权相史弥远曾游普陀，相传在茶树之上亲睹观音显灵现象，这

从侧面反映了当时茶与禅的密切关系。当时江南与北方相比，经济社会相对富足和安定，普陀山一带高僧辈出，佛教禅学十分兴盛，香客纷至沓来，僧俗两界人士常共同品茶话禅。寺僧在待客之余，潜心研究佛茶的品饮艺术，对茶道精研益深，于是普陀佛茶进入了初步发展期。

明朝时，有关普陀佛茶的记述，在志书等文献中很多。如明万历年间，总兵侯继高在《游补陀洛伽山记》中写道："（海潮）庵之后，山顶有泉，大智命其徒贯竹引之，瀹茗味殊甘冽。"明代朱元璋下诏废团茶，改贡叶茶。饼茶为散形叶茶所代替，碾末而饮的唐煮宋点饮法，变成了以沸水冲泡叶茶的瀹饮法，茶的品饮方式发生了划时代的变化。为适应新的饮茶方式，普陀佛茶茶道形式也相应进行了变革，产生了普陀佛茶的瀹饮之法。

艺术化的佛茶茶道自然要有精致的茶具，这从山僧的茶具收藏中有所反映。据《中国历代宜兴紫砂名家雅士年表》载，普陀山白华庵最早住持昱光如曜"蓄金石书画文玩茶具而富"，其中制有一壶，在中国紫砂壶艺史上影响很大。有研究者认为，紫砂真正的文人化题铭刻画首推昱光，他开创了撰写壶铭并落款的先河。而僧人释来向云游普陀后的《宿白华庵访赠朗彻禅师》诗中有"夜静烧铛雪煮茶"句，也使后人看到普陀佛茶茶道形式的端倪。

据康熙《定海县志》载：定海之茶，"皆山谷野产。……普陀山者，可愈肺痈血痢，然亦不甚多得。"进入清代之后，普陀佛茶不仅被普陀山佛门视为延年益寿的养生饮品，而且曾作为贡茶敬献朝廷。清康熙、雍正年间，始少量供应朝山香客。清末，由于轮渡通航，香客及游览者大增，从而促进了佛茶及其茶道的发展，逐渐成为中华茶文化与佛教文化完美结合的杰作。中华人民共和国成立后，茶园扩展较大，并建立了茶场。20世纪70年代末，舟山引进江苏碧螺春制茶工艺，生产曲形茶，定名为"普陀佛茶"。

（一）文化元素分解

1. 物质要素

（1）条件合宜的茶叶生长环境

普陀山为丘陵性岛屿，地处东海之滨的东端，岛呈不规则菱形，为亚热带常绿阔叶林北部亚地带，是沿海植被资源丰富的岛屿之一。由于面临东海，东面被台湾暖流所包围，西面与大陆存在明显温差，所以受海水温差的调节，四时气候适宜，冬无严寒，夏无酷暑，属亚热带海洋性季风气候，年均气温16.1 ℃，年均降水量1200毫米；山丘土壤多为红黄壤土，腐殖丰富，土层肥厚，林木茂盛。

据2008年普陀山园林管理处普查，普陀山全山有百年以上野生古茶树59株，最大一株茶树在龙寿庵（今龙寿禅院）山麓，另有一株胸径33厘米的茶树，在慧济禅寺后山坡。目前山上属于野生山茶科的植物尚有红山茶、油茶、粉红短柱茶、茶梅、茶叶树、单体红山茶等11个品种。这些都是普陀山千百年来"传递心灵和谐的天使——茶"之"绿色活化石"。

（2）具有医疗效用的茶叶

普陀佛茶茶叶毛尖含有丰富的蛋白质、氨基酸、茶碱、茶多酚、茶多糖、茶氨酸、芳香物质和维生素A、B_1、B_2、C、K、P、PP等，以及水溶性矿物质，具有生津解渴、清心明目、

提神醒脑、去腻消食、抑制动脉粥样硬化以及防癌、预防坏血病和护御放射性元素等多种功能。

茶叶内所含的γ-氨基丁酸能促使人体血管壁松弛，消除脉管痉挛。茶叶中的儿茶素类物质能降低血液中胆固醇含量。茶碱能促使脂类物质分解转化成可溶性吸收物质，从而达到消脂作用。

(3) 蕴含观音文化的茶道道具

从展示形式来讲，由于普陀山观音道场的崇高地位，与其他的佛茶茶道相比，普陀佛茶茶道更多地表现了观音信仰文化。

茶道的展示布景选用大幅紫竹幽深、山泉潺湲的图景。整个场景要求营造出圣洁幽静的气氛，令观者把心完全安置在喝茶的过程中，和茶艺师一起洗涤尘心，回归当下，体验生命的意义，单纯快乐地享受好此刻一杯茶。主泡者选气质纯净、相貌端庄之人，着素雅飘逸服装，令人有佛教"出世"之感。音乐则选用佛教经典乐曲，或凝重肃穆，或轻灵优美。

茶道的道具包括炭炉、陶质烧水壶、根雕茶桌、黑漆圆茶盘、提梁小紫砂壶、茶洗、圣观音像、香炉及香各一，竹茶荷和茶匙一对，茶道组合一套，龙泉窑瓷茶碗若干，普陀佛茶三克。茶服选用素雅的佛衣。配乐也选择禅意十足的经典曲目，如《香飘水云间》《云水禅心》《香氲满袈裟》等。《香飘水云间》中，音乐如群山间滚滚涌动的白云，又如杯盏中袅袅升腾的叶片，茶与云雾似乎缠绕在一起。伴奏乐器有木鱼、古琴、钟磬等。

2. 精神要素

(1) 怡神养性的精神内涵

从精神内涵来讲，普陀佛茶茶道

属于宗教茶道中的禅茶茶道,其展示形式体现了中国禅茶文化的"感恩、包容、分享、结缘"四大功能。禅茶茶道更多的是品味茶与佛教在思想上的"同味",在品"苦"味的同时,品味烦苦人生,参破"苦"谛;在品"静"味的同时,品味遇事静坐静虑,保持平淡心态;在品"凡"味的同时,品味从平凡小事中感悟大道。普陀佛茶茶道没有欢快的格调,它更为强调"苦寂",强调"苦寂"中的"顿悟"。佛茶茶道中既充满着自己的精神追求,又有对其他人的热情;既养己身浩然之气,又对人博施济众。

例如晨昏定省三碗茶,佛家以为便可抵得一日清修。因泡茶的过程实际上是一个自省的过程,也是一种禅定:定心、定性、定神。一日三省,那么还有什么是不能想开的呢?这正暗合了那一桩名叫"山非山兮寺非寺"的佛门公案。套用在泡茶上倒也可以这般理解:茶非茶兮水非水。第一泡时,见茶是茶,见水是水;第二泡时,见茶不是茶,见水不是水;第三泡时,见茶仍是茶,见水仍是水。种种感悟,存乎一心。通体澄明,自然顿入禅定。唐代诗僧皎然《饮茶歌诮崔石使君》云:"一饮涤昏寐,情来朗爽满天地。再饮清我神,忽如飞雨洒轻尘。三饮便得道,何须苦心破烦恼。"

(2)"正、清、和、雅"的传统文化精神

佛茶以普陀著名。佛茶的禅性与文人的雅性天衣无缝地融合在一起时,惊人的艺术美便产生了。文人的儒雅,茶器的高雅,环境的清雅;汤气的清透,气韵的清正,心境的清静。佛教音乐的深沉悦耳、庄严肃穆,神情的超然物外、虚空澄明……文人茶道三雅三清,普陀佛茶庄严睿智,与

· 139 ·

茶道艺人古雅的装扮、娴熟的技巧、虔诚的态度互为呼应。想象乌龙巡城的气势，凤凰点头的美艳，高山流水的向往……茶艺师用行云流水般从容的手艺，纤纤玉指翻飞之间，一杯杯芳香的茶水流泻而出，山川至灵之卉，天地始和之气，瞬间奔涌到眼前，不必细品，已是心神俱醉，禅的意趣，尽此茶中矣。

3.制度要素

(1)自古相传的佛茶加工工艺流程

明万历年间，普陀佛茶已有了一整套采摘和制作技巧。宋人赵汝砺在《北苑别录》中说："茶有小芽，有中芽，有紫芽，有白合，有乌蒂，此不可不辨。"宋徽宗《大观茶论》云："撷茶以黎明，见日则止。用爪断芽，不以指揉，虑气汗熏渍，茶不鲜洁。故茶工多以新汲水自随，得芽则投诸水。凡芽如雀舌谷粒者为斗品，一枪一旗为拣芽，一枪二旗为次之，余斯为下。茶之始芽萌，则有白合；既撷，则有乌蒂。白合不去，害茶味；乌蒂不去，害茶色。"对此，手焙"观音灵芽"的普陀山僧人和山民们当然不会视而不见。明代，曾寓居普陀山编纂《补陀山志》的屠隆，在《考槃余事》中写道："谷雨日晴明采者，能治痰嗽、疗百疾。"黄龙德《茶说》云："采茶，应于清明之后，谷雨之前。俟其曙色将开，雾露未散之顷，每株视其中枝颖秀者取之。采至盈籝即归，将芽薄铺于地，命多工挑其筋脉，去其蒂杪。盖存杪则易焦，留蒂则色赤故也。先将釜烧热，每芽四两作一次下釜，炒去草气。以手急拨不停，睹其将熟，就釜内轻手揉卷，取起铺于箕上，用扇扇冷。俟炒至十余釜，总覆炒之。旋炒旋冷，如此五次。其茶碧绿，形如蚕钩，斯成佳品。"

普陀山茶一年仅采一季春茶，于谷雨前开园，采摘一芽、二叶初展，按严格的工艺流程进行加工，分别为鲜叶摊放、杀青、揉捻、烘干、炒制、干燥等。该茶从栽种到采制，特别注重洁净：茶树从不施肥，仅耕除杂草，以草当肥；对炒茶用锅，每炒一次，须刷洗一次。其成品茶，色泽翠绿微黄，茶汤明净，香气清馥，滋味隽永，爽口宜人，当是继承了古代制作佛茶技巧，代代相传至今，殊为不易。

(2)严格的佛茶标准规定

普陀佛茶有严格的标准规定，定

义了普陀佛茶的分类、要求、试验方法、检验规则、标志、标签、包装、运输、贮存要求等条目。按外形、香气、滋味、汤色、叶底等感官品质，将茶叶质量等级分为三个级别：特级（一等、二等）和一级、二级，其中特级茶叶需要满足外形似螺似眉、茸毫披露、匀净、嫩绿，香气清香持久，滋味鲜嫩爽口，汤色嫩绿明亮，叶底幼嫩成朵、嫩绿、明亮、匀齐的要求。此外，还规定了水分、总灰分、碎末茶、水浸出物、粗纤维、酸不溶性灰分等项目的质量分数指标。严格的佛茶标注规定使得普陀佛茶有着优良的质量保证。

4. 语言和象征符号

佛茶茶道流程中具有佛教意义的手势和语言。

普陀佛茶茶道的基本程序包括迎宾、净手、焚香、添水、请佛、净盏、点茶、献供、调茶、供佛、敬客、回念、礼毕等十三道程序。其中净瓶、柳枝、手印，构成了茶道展示的主要元素。

手印，又称为印契、印相、意印，或单称"印"，指诸佛菩萨和修行者双手所结的各种姿势。佛菩萨与本尊的手印，象征特殊的愿力与因缘。佛教认为，修行者与其结相同的手印时，会产生特殊的身体力量和意念力量。茶艺中呈现的手印主要有说法印、无畏印、与愿印、禅定印。此四种是一般佛菩萨常见的手印。另外，又有表现圣观音手印、观自在菩萨手印、白衣观音印、千手观音八叶印、如意轮观音印等。主泡者在结手印前，必须先起恭敬慎重心，然后方可结印。佛教认为，印能使结者安住自身，达到宁静忘我，过滤尘心，化为慈悲。以此心点茶，当有功德，若能感染周遍喝茶人，更是福报深厚。

敬客奉茶时配合祝福的敬语，是整个表演肢体语汇表达的高潮。退场时要动作悄然而退，不事张扬，让观众仍沉浸在刚才表演的意境之中，并获得由茶而产生的美好回味。

（二）文化元素核心基因提取

基于对材料的全面、深入分析，得出普陀佛茶核心文化元素的核心基因表述为：怡神养性的精神内涵、自古相传的佛茶加工工艺流程、佛茶茶道流程中具有佛教意义的手势和语言。

（三）文化元素核心基因评价

评价项目	评价因子	评价依据（特点）	是否
生命力评价	文化基因存续的时间	自出现起延续至今，未曾明显中断	√
		自出现起延续至今，但多次衰微、中断后复兴	
		曾明显衰败，改革开放后开始复活复兴或历史溯源关键环节缺失，难以考证	
		文化形态主体已灭失，现存部分痕迹	
	文化基因的稳定性	在发展过程中保持相当稳定的状态	√
		在发展过程中存在明显的精神内涵、表现形式剧变	
凝聚力评价	文化基因的凝聚力及社会动员效果	曾广泛凝聚起区域群体的力量，显著推动过社会经济文化的发展	√
		曾部分凝聚起区域群体力量，对社会经济文化的发展产生过影响	
		凝聚过力量，创造过实际的发展动能，但未见对社会经济文化发展产生显著改变	
		仅在历史文献或口耳相传中存在，未见实际介入社会经济发展	

续表

评价项目	评价因子	评价依据（特点）	是否
影响力评价	辐射的范围	具有全国性、世界性的影响力	√
		具有长三角区域、浙江省影响力	
		具有市县、乡镇影响力	
	提炼的高度	已经被古代文人士大夫和当代学者提炼为精神符号和理念理论	√
		单纯的样式、造型、工艺技术规范	
发展力评价	与当代精神追求和价值观念的契合	传统文化基因得到创造性转化、创新性发展；区域革命文化基因被完整继承、广泛弘扬；区域社会主义先进文化基因成为与浙江"三个地"相适应的文化高地	√
		部分转化、部分弘扬、部分发展	
		难以转化、难以弘扬、难以发展	

说明：基因特点评价是对解码出来的基因，根据《导则》表2的要求，围绕"四个力"逐一对表打"√"，进行定性表述。

1. 生命力评价

普陀佛茶茶道发端于唐代，当时主要用以供佛和待客；在宋代又得到初步发展，成为僧俗两界人士共同品茶话禅的载体；明清时期，由于社会流行品饮方式的变革而有所改进，后随着贡茶的兴起而达到发扬光大。

但就在明清时期，普陀山发生的几次大的毁佛活动，使得佛教一度遭到毁灭性的打击，佛茶茶道在发展过程中几经断裂，导致今天的形式早已与古代大不相同。中华人民共和国成立后，普陀山茶园逐渐扩展壮大,并成立了茶场,但20世纪60—70年代的"文革"浩劫,使普陀山又一次遭受劫难,普陀佛茶亦中断。直到1977年浙江省提出要有计划地恢复与发展名茶生产,将普陀佛茶列入其中。1978年,普陀佛茶恢复试制,1979年改进生产工艺,形成独特的"似螺非螺,似眉非眉"的佛茶外形。1980年以后,普陀佛茶恢复了生产。

历史上的每一次动荡都带给普陀佛茶强烈的冲击,但它顽强的生命力使其在衰落之后依旧有重生的可能。未来也需要相关单位采取有力可行的保护措施,使这一古老的佛茶茶道文化能够一直传承下去。

2. 凝聚力评价

茶,作为一种特殊的文化载体,其含义已远远超过它自身的物质、表现形态和范畴,成为一种社会精神文化现象,是物质文明和精神文明的完美结合。当今世界,茶及茶文化如此广泛而深刻地影响着人们的生活。博大精深的中国茶文化,已融入民风、化为民俗,成为流淌在中华儿女身躯中古老而又新鲜的血液,塑造中国人的普遍人格和道德伦理。其包含的禅学哲理和民族的文化载体,影响着人们的思想道德,对于保留和发展禅茶文化的精髓有着特殊的意义。

深厚的文化沉淀,闻名的佛教圣地,以及海岛独特的地理环境和气候条件,使普陀佛茶成为色香味俱全的茶中精品,也形成了当地一项具有明显区域特色和优势的传统产业。佛茶茶道与佛茶相得益彰,其表演形式更容易得到大众认同,对佛茶产业的发展将起到推动作用。由此可见,普陀佛茶曾广泛凝聚起区域群体的力量,显著推动社会经济文化的发展,具有强大的凝聚力。

3. 影响力评价

普陀佛茶体现了中国历经千年的茶文化与佛教文化的有机结合,具有博大精深的魅力。普陀山是蜚声寰宇的佛教名山和观音道场,历来都是佛子参学、游人观光的必到之所。普陀佛茶茶道是普陀山僧人在斋戒沐浴、虔心诵佛后,经过一整套严谨而神圣的仪式来泡制茶的全过程。如今普陀佛茶茶道由于佛教名山的特殊宗教地位和中外文化交流的历史,其艺术化的表演形式吸引了无数佛子游人驻足品饮观赏,大大促进了国际间的文化交流,其影响遍及全国乃至日本、韩国、东南亚一些国家和地区。因此,普陀佛茶具有全国性乃至世界性的影响力。

4. 发展力评价

长期以来,虽然当地部门和专家对普陀佛茶茶道的历史沿革、展示程序等进行了收集,并出版了一些图书,但总体上还是缺乏系统全面的搜集整理。同时,现代娱乐形式的多样化,使人们参与和接触佛茶茶道的兴趣和机会越来越少,从事佛茶茶道研究、传承者出现青黄不接的现象,因此急需通过抢救性的搜集、整理、展示,以保护普陀佛茶茶道,促进传承发展。

为了进一步深入挖掘普陀佛茶茶道文化基因,加强对普陀佛茶茶道的保护与传承,有关部门已经制定了包括健全组织机构、抓好普查调研、加强文化演绎、开展佛茶培训、出台相关政策等多项措施的保护计划,这对于保留和发展禅茶文化的精髓有着特殊的意义。未来,在政府和社会各界的支持下,普陀佛茶会充分发挥其发展力和潜力,禅茶文化也将继续传承下去。

（四）文化元素核心基因保存

1. 实物保存

根据2019年统计数据，普陀区茶园面积达4400亩，茶叶主要产于普陀山、东港塘头山及周围诸海岛。佛茶生产量较大的企业有5家。

《普陀山隐秀庵茶园》《佛顶山茶园》等31项图片资料，《佛茶茶道简介》《普陀佛茶茶道》等22项文字资料，《普陀佛茶》视频资料等保存于浙江文化基因解码调查组资料库。

2. 图文资料

（1）罗可歌：《品悟普陀佛茶》，2010年（内部资料）。

（2）苏祝成、姚武、马莉：《普陀山佛茶》，上海文化出版社，2009年。

（3）普陀区农业与农村局编印：《普陀佛茶》画册（内部资料），2012年。

（4）冯淑仙：《普陀佛茶养生》，浙江科学技术出版社，2015年。

（5）舟山市茶文化研究会编印：《弘扬佛茶文化促进新区建设》（内部资料），2015年。

（6）舟山市茶文化研究会编印：《学茶入门》（内部资料），

2015年。

（7）普陀佛茶文化研究会编印：《科学饮茶怡情康体》（内部资料），2015年。

（8）普陀佛茶研究会编印：《普陀佛茶——海岛健康养生茶》（内部资料），2016年。

（9）中共普陀区委宣传部编印：《普陀佛茶文化》专刊（内部资料），2017年。

普陀水仙

海天普陀 普陀文化基因

普陀水仙

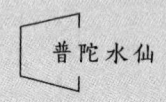

普陀水仙是我国十大名花之一，为我国水仙花珍品，主要分布于我国东海沿岸、舟山群岛的近百个岛屿，尤以普陀居多而命名。普陀水仙"香、色、姿、韵"四绝皆备，1996年被列为舟山市市花。

普陀水仙以其花多、花香、花期长、叶色浓绿、耐寒性强、球体紧实而闻名，以优良的品质获得养花者的好评。虽花球不大，但花繁香浓，一球抽3—4葶普遍，5—6葶不少见，12—13葶也不稀罕，且普陀水仙的适应性和抗寒能力要胜于漳州水仙一筹。普陀水仙以优质取胜，畅销全国约30个大城市，已成为中国水仙中的佼佼者。

　　普陀水仙刚劲轩昂，叶似碧玉，翠绿挺拔；花枝冰清玉洁，丰姿绰约，在迎风斗雪中，昂首怒放，生气勃勃；亭亭玉立的花梗，托着剔透玲珑、润白似玉、色泽金黄的花蕊，芳香四溢，经久不散。普陀水仙花开时芬芳浓郁，香气持久，其特点是球实、花多、香浓，具有较强的抗寒性、抗病性、花量多、花期长、花香浓郁、叶绿挺拔、姿态优美。花的品种以单瓣（金盏银台）、重瓣（玉玲珑）为主，并有全黄色和全白色花朵的稀有品种。普陀水仙易盆栽，也可水养，可赏性强，花期在元旦至春节前后。其与漳州水仙、崇明水仙齐名，并列为我国最佳的三大水仙品种。

（一）文化元素分解

1. 物质要素

（1）悠长的演化历史

普陀水仙早有文字记载，元盛熙明《补陀洛伽山考·洞宇封域品》："宝陀寺在州之东海梅岑山。……山茶树高数丈，丹葩满枝，犹珊瑚林。水仙紫荪，芳菲满地。"据光绪《定海厅志》记载："水仙，本名雅蒜（案《长物志》：六朝人呼为雅蒜）。花有二种，单瓣者名水仙，千瓣者名玉玲珑，又以单瓣者名金盏银台……"20世纪70年代起由野生移植人工栽培，1981年正式被命名为"普陀水仙"。因观音道场，普陀水仙

又称"观音水仙"，并有演化为禅花之趋势。

(2) 相对简易的种植条件

普陀水仙是我国民间的清供佳品，也是大众花卉，只用一勺清水和几粒卵石在精致的浅盆中供养而不需土壤来培植，故有"凌波仙子"之名。植株球紧而实，开花量多，叶色深绿，植株挺拔，花色幽雅，形态美观，花香浓郁而一枝独秀。

2. 精神要素

(1) "劲节之花"的品格

普陀水仙刚劲轩昂，叶似碧玉，翠绿挺拔；花枝冰清玉洁，丰姿绰约，昂首怒放，生气勃勃；亭亭玉立的花梗，托着剔透玲珑、润白似玉、色泽金黄的花蕊，芳香四溢，经久不散。它自有一种出尘态度，不与群芳争艳，有清高坚贞的品格。水仙在生长过程中几乎不用肥料就能开花，有不求索取、默默奉献之精神。

(2) "岁寒怒放"的勇气

在万物萧疏的隆冬，不论在庭院、花坛、花丛、岩隙水边，都能见到普陀水仙肆意开放，反映出虽处严酷条件下仍傲然屹立、岁寒怒放的倔强性格和"玉壶寒露映真色，雾阁云窗立半身"的诗情画意。

3. 制度要素

简单易学的栽培技术

浸泡清洗：雕刻后的球茎，入清水浸泡一天，如水中含有漂白粉，应放一天后再用。浸泡时，务必使球茎浸入水中，伤口向下。浸泡一天后将黏液、残存淤泥、残根及枯皮除净；浸洗可防止球茎腐烂及变色。水仙球茎内流出的黏液营养丰富，易滋生细菌，或使洁白的球茎变为褐色，影响观赏。球茎捞起后，再用清水淋洗，直至洗净为止。为了保证根系迅速生长和防止伤口变黄，用脱脂棉或纱布盖住球茎伤口及球茎盘，并将棉花或纱布垂入水中，以吸水供刚萌发的根吸收、生长。

上盆水养：雕刻数量较多的，可

先用粗钵（或用较大的盆、方盘）水养，待水仙含苞欲放时，再移至精致的水仙盆，置于几案上；如数量不大，可直接放入水仙盆中水养。

放置方式：上盆放置的方式有仰置、竖置、倒置和俯置。仰置是雕刻伤口的一面朝上，根部朝向侧方；竖置即正置，即叶、花向上，根部向下放置；倒置是把雕刻的水仙球茎倒过来水养，即叶向下，根部朝上放置，一定要注意用脱脂棉盖住球茎盘和根部，并使棉花下垂盆中，以吸水养根；俯置即反置，将伤口的一面朝下，未伤的球茎一面朝上。

盆养管理：上盆后的管理十分重要，由于鳞茎经雕刻，叶、花梗、球茎均受创伤，伤口处的水分蒸发量大，而且较易感染，加上新根未长出，吸收能力极差，易于失水萎蔫，故首先应放在阴凉处2—3天，而且要经常向球茎上喷洒清水。待伤口逐渐愈合，新根长出时，应及时移至阳光充足处，以便进行光合作用，使叶色转绿，防止徒长。水养初期必须天天换清水，水面应在伤口之下。可置阳光充足处，水养至开花时，即可将水仙盆置于厅堂或展出。此时仍应每天移出照射一定时间的阳光和经常换水。当室温超过30 ℃时，易出现"哑花"现象，应予注意。

4. 语言与象征符号
百花仙子文化典故

相传很久以前，百花仙子欲培育在冬天开花的草本花卉，费尽了心血。可培育出来的只会长根，不会发芽开花。百花仙子无奈来到普陀山，向观音菩萨求教。观音说道："寒冬草木枯萎，乃是自然之象，很难强求。汝既诚心而来，吾当助汝，但只限一花可开。"百花仙子非常感激，选了一只球状之根奉上。观音用净瓶中的水洒在根上，立即长出了绿色的叶子，但不见有花。观音遂转身从自己修行的白莲台上，摘下六片莲花瓣，凑成一朵纯白的花。百花仙子看了，觉得花虽好，但太素白单调，要求观音给予一点色彩，于是观音又随手从身边拿来一只点着清香的金色香炉盏，按在花心之中，这就成了秀丽的"金盏银台"花朵。这香炉里焚着香，故而散发出浓郁的香味。又因花的根洒过净水，因此既可植于土中，亦能在清水中生长开花。百花仙子非常满意，便将此花命名为"水仙花"。为感谢观音相助,百花仙子把水仙花撒在普陀,让它扎根繁衍。从此以后,每年一到冬天,百花凋零的时候,就是水仙花蓬勃盛开的季节。由于普陀山是观音道场,因此普陀水仙也叫"观音水仙"。

（二）文化元素核心基因提取

中国的水仙文化源远流长，是中国传统文化的标志性符号。普陀水仙历史悠久，在发展中深受观音文化的影响，深刻体现了"花"与"禅"的融合。其"劲节之花"和"岁寒怒放"的特点与文化精神值得弘扬和传承。

（三）文化元素核心基因评价

评价项目	评价因子	评价依据（特点）	是否
生命力评价	文化基因存续的时间	自出现起延续至今，未曾明显中断	√
		自出现起延续至今，但多次衰微、中断后复兴	
		曾明显衰败，改革开放后开始复活复兴或历史溯源关键环节缺失，难以考证	
		文化形态主体已灭失，现存部分痕迹	
	文化基因的稳定性	在发展过程中保持相当稳定的状态	√
		在发展过程中存在明显的精神内涵、表现形式剧变	
凝聚力评价	文化基因的凝聚力及社会动员效果	曾广泛凝聚起区域群体的力量，显著推动过社会经济文化的发展	√
		曾部分凝聚起区域群体力量，对社会经济文化的发展产生过影响	
		凝聚过力量，创造过实际的发展动能，但未见对社会经济文化发展产生显著改变	
		仅在历史文献或口耳相传中存在，未见实际介入社会经济发展	

续表

评价项目	评价因子	评价依据（特点）	是否
影响力评价	辐射的范围	具有全国性、世界性的影响力	
		具有长三角区域、浙江省影响力	√
		具有市县、乡镇影响力	
	提炼的高度	已经被古代文人士大夫和当代学者提炼为精神符号和理念理论	√
		单纯的样式、造型、工艺技术规范	
发展力评价	与当代精神追求和价值观念的契合	传统文化基因得到创造性转化、创新性发展；区域革命文化基因被完整继承、广泛弘扬；区域社会主义先进文化基因成为与浙江"三个地"相适应的文化高地	√
		部分转化、部分弘扬、部分发展	
		难以转化、难以弘扬、难以发展	

说明：基因特点评价是对解码出来的基因，根据《导则》表2的要求，围绕"四个力"逐一对表打"√"，进行定性表述。

1. 生命力评价

每当暮冬初春，百花凋残季节，向阳坡地，普陀随处可见一片片的水仙，幽香阵阵，令人陶醉，给人以清俊高雅的感受。普陀水仙以优良的品质获得养花者的好评，虽花球不大，但花繁香浓，历经几百年，生命力依然旺盛，深受人们喜爱。

2. 凝聚力评价

普陀水仙的凝聚力在于其清高坚贞、默默奉献、不求索取、不惧困难的精神内蕴，与通常的"岁寒三友"相似，体现了中国人民的性格特征和民族精神，是我们建设社会主义现代化强国所需的可贵精神。

3. 影响力评价

普陀水仙与漳州水仙、崇明水仙齐名，被列为我国最佳的三大水仙品种，曾连续10年走入央视春晚演播室。近年来，普陀水仙进一步融入观音文化，借助互联网热潮，在长三角具有一定影响力，并逐步辐射至全国范围。

4. 发展力评价

伟大的民族精神是中国发展进步的强大动力。普陀水仙所寓意的精神内涵，深得中国传统文化的精髓。而这种文化精神具有强大的生命力和发展力，需要加以传承和发扬。

（四）文化元素核心基因保存

图文资料

（1）郑长安、张铉杰主编:《普陀水仙科技资料选编》(内部资料)，浙江省舟山市农林局，1999年。

（2）张成标:《美哉，普陀水仙》,《风景名胜》1997年第7期。

舟山船拳

海天普陀 普陀文化基因

舟山船拳

舟山船拳是根据渔船船舱面积和船只行驶特点，融合吴越船拳特点而创造的一种地方传统拳术。它形成于明清，也是明清时期浙江省舟山渔区帮会组织之一"洪帮"特有的拳种。船拳极具海岛特色和浓郁的生活气息，且对强身、全民健身运动具有较好的促进作用，在中华武术宝库中独树一帜。舟山船拳于2008年被列入舟山市第二批非物质文化遗产保护项目，2009年被列入浙江省第三批非物质文化遗产保护项目。

舟山船拳的发源地位于浙江省舟山市，普陀是舟山船拳主要发源地之一。明朝中期，倭寇经常侵犯我国东南沿海，舟山沿海成了抗倭斗争第一线。明朝将领戚继光领军抗倭，在水战中，将士们用具有南拳风格的船拳与倭寇搏击，取得了重大胜利。于是这种具有强身、护体、御敌功能的船拳很快在普陀渔民中传播。明清时期，普陀渔民在抗倭、抗盗斗争中使用看家本领"船拳"，使敌寇闻风丧胆。中华人民共和国成立后，渔民渐渐淡化习练船拳，船拳一度失传。1984年，舟山武术界人士在全国武术普查中得知舟山历史上曾有过神奇的船拳，便通过老渔民的回忆，又在普陀武术界前辈章国梁老先生帮助下，经过反复挖掘整理，使这一失传的古老拳种重新焕发青春。2004年和2005年，在浙江省第二届、第三届国际传统武术大会上，普陀程先勇代表舟山组先后两次夺得男子组一等奖。舟山船拳女子组的朱萍等8名女将也为舟山赢得集体第一名。2006年，朱萍又在香港国际武术大奖赛中荣获舟山船拳第一名。

（一）文化元素分解

1. 物质要素

抗倭抗盗的发展缘起

据史料记载，明朝中期，倭寇经常侵犯我国东南沿海，舟山海域成为抗倭斗争主战场之一。戚继光从义乌招募来三千人充作水军，加以船上的水战拳术训练，在平倭战斗中发挥重大作用。战后，他训练士兵水战用的拳术留在了舟山普陀等海岛，当地老渔民将它称为"在船上练的拳"。民国初年，舟山的武术界精英将此拳术根据渔船船舱面积和船只行驶特点，融入吴

越船拳特点，正式命名为"舟山船拳"。

2. 精神要素

(1) 适应海洋、亲近海洋的情感

从舟山船拳的起源而言，船拳就是一种适应海洋特点的拳法，是海洋文化的武术奇葩。其步法极重马步，重心要降低，以求操拳时稳健，经得起风浪的颠簸。

(2) 强身健体、抗击外侮的信念

船拳既是海上渔民日常锻炼、强身健体的一种生活方式，又是在海洋的生产生活中保护自己、抵御外来侵犯的一种重要手段。戚继光抗击倭寇，船拳功不可没，成为抗击外侮的重要武器，发挥了十分重要的作用。

3. 制度要素

独树一帜的拳路特点

舟山船拳在中华武术宝库中独树一帜，原先盛行于海上。其主要特点是注重桩法、步法稳固，脚趾抓地，下盘动作小，出拳贴身紧凑，讲究步步紧逼，基本上没有跳跃，也很少高腿攻击，技击理念强调先发制人，擅长短打近攻。船拳的许多技术特点兼收各派之长而自成一脉，形成了似南拳又非南拳的独特风格。受船体限制，船拳的一招一式不能像其他武术套路那样，大面积地蹲、跳、蹦、纵、闪、展、腾、挪，但它集拳种的基本招式之长，独具风格。习武在船头，身动船晃。船拳十分注重腿部、臀部和腰部的运动，步法极重马步，以求操拳时稳健，经得起风浪颠簸。腿部是发力的重点，故十分重视转腰、甩腰、下腰的动作。为进退自如，船拳十分重视马步转弓步，弓步转马步的动作，以体现进则带攻，攻则带躲闪的特点。

4. 语言与象征符号

(1) 套路编排的"情节化"

通常大部分的武术套路是没有情节的，大都只能笼统含糊地表现一种"战斗的场景"，没有情节，就没有

矛盾冲突，对于表演艺术来讲，就缺乏必要的感染力。而舟山船拳的套路表演则具有丰富的"情节"，编创者结合舟山本地特色的风土人情，把一个渔民出海打鱼的简单生活，抽象概括其典型性，进行艺术化的加工，创造性地融入舟山船拳的套路编创中。从第一式"拜毕观音即推门"，形象描绘渔民出门前的准备工作，即拜观音，祈求保佑，极具本土生活特色。海上的天气情况瞬息万变，一个突然的天气变化就可能导致死亡，所以渔民在海上的工作极度危险，舟山本土的习俗是要拜观音祈求能风平浪静、安全归来，所以这一典型地方文化被吸收入船拳的创编中来，引人入胜。从第二式"船走浪尖神须定"开始，"两手护舷分双脚、老大撑船紧掌舵、渔夫撒网分左右、网绳后拉朝上网、左右收网丁步截、紧拉网绳马步桩……扯篷扬帆腕中缠、归心似箭脚下踩、紧收缆绳又三拳、回首眺望马步拳、落窗侧卧梦抓鱼、海鸥反身朝下俯、挑帘推窗网岸边、出海数日喜回家"，描述了渔民从准备工作到开始捕鱼，捕鱼结束后期盼回家，在回家路上还梦到捕鱼的场景，最后醒来到家了心中万分喜悦。不但生动地叙述了渔民捕鱼的艰辛，也通过套路动作勾勒出了一幅幅感人至深的画面，表现出舟山人民吃苦耐劳、搏击风浪、创造生活的精神风貌。

(2) 技击动作的"生活化"

舟山船拳在塑造其艺术形象的过程中，加入了其独特的"意味"，即技击动作的"生活化"。这里的"生活化"，实际上是一种艺术创造，舟山船拳的创编是在与海岛渔民日常生活息息相关的各种文化引导下，对具有技击性的动作进行艺术化的加工，创编出能表现舟山渔民特殊情感的新动作形象。例如，舟山船拳套路中"童子拜佛、开门见海、稳坐船头、扬帆起航"的拳谱充分体现着舟山特色的"佛文化""船文化""海洋文化"；另外，舟山居民以前多以打鱼为生，所以"渔文化"的影响更是在舟山船拳套路中处处体现，比如第七式"网绳后拉朝上网"，把弓步后撩这一技击动作与渔民的拉网绳动作结合在了一起，把弓步格肘与朝上撒网的动作也结合在一起，形成了极具生产生活特色的艺术形象。

(3)技术风格的"融合化"

舟山船拳从地域上看，是属于南派拳术的，其风格也理应具有南派拳术的一些基本特征。从舟山船拳形成的历史看来，"吴越地区的抗倭战争为船拳的形成产生了一定的影响"。领导抗倭战争的戚继光必然对船拳技术的形成发挥过重要的作用。戚继光本人在浙江抗倭之时，收录了"古今拳家"，并指出各名家"虽各有所长"，但其"各传有上而无下，有下而无上，就可取胜于人"的观点皆为"偏于一隅"。他强调"各家拳法兼而习之"，并"择其善者三十二势"，创编出《拳经三十二势》。这就为舟山船拳套路的形成提供了一个基本的思路，从技术风格上要融合各家之所长，这样才能具备更高的技击价值。此外，这一时期还有少林僧兵来到吴越地区进行抗倭活动。这也为当时船拳技术的南北"融合化"提供了外部的技术支持。

（二）文化元素核心基因提取

"舟山船拳"历史悠久、沉淀深厚，其中蕴藏的适应海洋、尊重海洋、亲近海洋的朴素观念以及自强不息、抗击外侮的信念是核心，值得深入传承弘扬。

（三）文化元素核心基因评价

评价项目	评价因子	评价依据（特点）	是否
生命力评价	文化基因存续的时间	自出现起延续至今，未曾明显中断	√
		自出现起延续至今，但多次衰微、中断后复兴	
		曾明显衰败，改革开放后开始复活复兴或历史溯源关键环节缺失，难以考证	
		文化形态主体已灭失，现存部分痕迹	
	文化基因的稳定性	在发展过程中保持相当稳定的状态	√
		在发展过程中存在明显的精神内涵、表现形式剧变	
凝聚力评价	文化基因的凝聚力及社会动员效果	曾广泛凝聚起区域群体的力量，显著推动过社会经济文化的发展	√
		曾部分凝聚起区域群体力量，对社会经济文化的发展产生过影响	
		凝聚过力量，创造过实际的发展动能，但未见对社会经济文化发展产生显著改变	
		仅在历史文献或口耳相传中存在，未见实际介入社会经济发展	

续表

评价项目	评价因子	评价依据（特点）	是否
影响力评价	辐射的范围	具有全国性、世界性的影响力	
		具有长三角区域、浙江省影响力	
		具有市县、乡镇影响力	√
	提炼的高度	已经被古代文人士大夫和当代学者提炼为精神符号和理念理论	√
		单纯的样式、造型、工艺技术规范	
发展力评价	与当代精神追求和价值观念的契合	传统文化基因得到创造性转化、创新性发展；区域革命文化基因被完整继承、广泛弘扬；区域社会主义先进文化基因成为与浙江"三个地"相适应的文化高地	
		部分转化、部分弘扬、部分发展	√
		难以转化、难以弘扬、难以发展	

说明：基因特点评价是对解码出来的基因，根据《导则》表2的要求，围绕"四个力"逐一对表打"√"，进行定性表述。

1. 生命力评价

"舟山船拳"充满舟山群岛海洋文化的基因，又在明代海上抗倭中起到了积极的作用，成为抗击外侮的重要利器，深入挖掘传承其文化基因具有十分重要的意义，在文化呈现的同时继续发挥强身健体的功能。

2. 凝聚力评价

"舟山船拳"在明代戚继光东南沿海抗倭战争中起到了

重要作用，体现了在民族大义上的强大凝聚力，也是中国海洋文化的集中体现。

3. 影响力评价

由于该文化元素产生悬于大海，虽然在特定历史时期起到了积极的作用，但是总体而言，其文化基因的影响力相对较弱，相对局限在海岛一带。

4. 发展力评价

随着时代的发展，舟山船拳"抵抗外辱"的作用已不复存在，更多发挥文化展示和强身健体的作用，是深受中老年人欢迎的全民健身项目。如何做好传承并吸引年轻群体参与，是舟山船拳要长远发展必须思考的问题。

（四）文化元素核心基因保存

1. 图文资料

舟山市普陀区文体广电新闻出版局编印：《舟山船拳》（舟山市普陀区非物质文化遗产丛书），2014年。

2. 音像资料

舟山船拳传承人朱萍拍摄有较多舟山船拳教学视频。

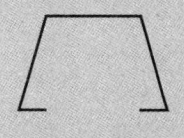

五匠技艺

海天普陀 普陀文化基因

五匠技艺

五匠技艺，分别为木匠、石匠、泥匠、船匠和竹匠技艺。一代代静守岁月的匠人，代代相传、心口相授，形成了较为庞大的五匠队伍，创造出优秀灿烂的五匠文化，诞生了"五匠之乡"，即今舟山市展茅街道。其自民国时期起远近闻名，慕名而来者数不胜数。

（一）文化元素分解

1. 物质要素

（1）土地资源匮乏的环境

海岛地区典型存有土地资源极度匮乏的状况，人多地少造成展茅镇大量村民走进手工艺行业，因此"五匠技艺"得以产生并师徒相传，在当地不断集聚发展。据评估，从事五匠手艺的人数常年占总劳动力的 50% 以上。

（2）展茅五匠馆

2009 年，展茅五匠馆开馆，占地面积 1200 平方米，建

筑面积800多平方米。展馆共分"序厅""船匠厅""木匠厅""泥匠厅""竹匠厅""石匠厅"以及"拜师堂"等7个展区，展出藏品近1000件，设置有栩栩如生的人物蜡像、丰富的实物和图文并茂的场景。

(3) 五匠文化节

五匠之乡展茅镇于2022年前已举办七届五匠文化节，在此期间会有五匠技艺的比试、展示和民俗文化表演。

2. 精神要素

(1) 海岛人民勤劳智慧的品格

五匠技艺在海岛的持续发展，体现了海岛手工艺人的智慧和勤劳。五匠技艺源自大陆农耕文明，在海岛的发展中增添海洋的色彩，尤其是形成船匠行业，产生海洋造船业。

(2) 坚守匠心、尊重匠人的传统

庞大的五匠队伍，创造出优秀灿烂的五匠文化，在庙堂、寺院、居民住宅、桥梁转头、碑楼、造船厂、家具厂等等都有他们的精华业绩，且有较高的技术水平。当前展茅镇五匠人仍然活跃在各个建筑工地、家居装饰场所，继承父辈们的手艺，续写五匠的历史。

（二）文化元素核心基因提取

五匠技艺在海洋文化气息浓厚的舟山独树一帜。从"五匠技艺"到"五匠文化"的演变，得益于一方秉持匠心、另一方尊重匠人，两者相辅相成才是关键。"五匠技艺"沉淀成为海岛居民的特定文化符号，进一步丰富了海岛文化元素。

（三）文化元素核心基因评价

评价项目	评价因子	评价依据（特点）	是否
生命力评价	文化基因存续的时间	自出现起延续至今，未曾明显中断	√
		自出现起延续至今，但多次衰微、中断后复兴	
		曾明显衰败，改革开放后开始复活复兴或历史溯源关键环节缺失，难以考证	
		文化形态主体已灭失，现存部分痕迹	
	文化基因的稳定性	在发展过程中保持相当稳定的状态	√
		在发展过程中存在明显的精神内涵、表现形式剧变	
凝聚力评价	文化基因的凝聚力及社会动员效果	曾广泛凝聚起区域群体的力量，显著推动过社会经济文化的发展	√
		曾部分凝聚起区域群体力量，对社会经济文化的发展产生过影响	
		凝聚过力量，创造过实际的发展动能，但未见对社会经济文化发展产生显著改变	
		仅在历史文献或口耳相传中存在，未见实际介入社会经济发展	

续表

评价项目	评价因子	评价依据（特点）	是否
影响力评价	辐射的范围	具有全国性、世界性的影响力	
		具有长三角区域、浙江省影响力	
		具有市县、乡镇影响力	√
	提炼的高度	已经被古代文人士大夫和当代学者提炼为精神符号和理念理论	√
		单纯的样式、造型、工艺技术规范	
发展力评价	与当代精神追求和价值观念的契合	传统文化基因得到创造性转化、创新性发展；区域革命文化基因被完整继承、广泛弘扬；区域社会主义先进文化基因成为与浙江"三个地"相适应的文化高地	
		部分转化、部分弘扬、部分发展	√
		难以转化、难以弘扬、难以发展	

说明：基因特点评价是对解码出来的基因，根据《导则》表2的要求，围绕"四个力"逐一对表打"√"，进行定性表述。

1. 生命力评价

普陀"五匠技艺"源自海岛，发展也在海岛。在传承了大陆农耕文明的同时，手工技艺在海岛创新前行。历史悠久持续上百年，深刻积淀着海洋海岛的文化记忆，有着相当丰盈的生命力。目前全镇从事泥匠、木匠、漆匠、船匠、铁匠等工作的有4000余人。

2. 凝聚力评价

普陀"五匠技艺"在舟山群岛有相当的知名度，几乎各个行业的祖师都出自普陀展茅镇，弟子众多、成果众多，具有相当的凝聚力。

3. 影响力评价

普陀"五匠技艺"的成果遍及舟山群岛，普陀展茅镇五匠也就成为一个地域文化标志、一个优秀的营造团队品牌，在特定区域有着重要的影响力。

4. 发展力评价

从历史发展和文化影响而言，普陀"五匠技艺"的内涵丰盈度相对不足、影响力相对较弱，发展力也会同样减弱。坚持作为文化遗产教育体验的意义可能更为重要。

（四）文化元素核心基因保存

实物保存

展茅镇五匠文化馆内存有体现五匠技艺的实物。

安期生泼墨醉桃花传说

海天普陀　普陀文化基因

安期生泼墨醉桃花传说

安期生，亦称安期、安其生。人称千岁翁、安丘先生，琅琊阜乡人。师从河上公，黄老道家哲学传人，方仙道的创始人。道教视安期生为重视个人修炼的神仙，故上清派特盛称其事。传说他得太丹之道、三元之法，羽化登仙，驾鹤仙游，或在玄洲三玄宫，被奉为上清八真之一，其仙位或与彭祖、商山四皓相等。在陶弘景《真灵位业图》中列在第三左位，奉为"北极真人"。

（一）文化元素分解

1. 物质要素

（1）桃花石

南宋《乾道四明图经》载："安期生尝以醉墨洒于山石上，遂成桃花纹，奇形异状，宛如天然，人多取之，以为珍玩。"传说安期生下海隐居的地方，就是舟山群岛中的马秦、桃花、普陀山等处。他在桃花岛上饮酒作画，把用酒作水磨成的墨水洒于山石上（一说他酒醉后把墨水泼于石上），顿时，石上显现出桃花状的艳丽花纹。俗语云："安期生墨一泼，桃花石头半山黑。"普陀桃花岛上恰有"桃花石"。

（2）安期峰

安期峰以峰、石为特色，寺、洞为主体。海拔540米，

舟山群岛第一高峰。石是石阵，遍山的奇岩怪石，组成一个"百家朝圣"大景观，浩浩荡荡，朝着普度众生的"观音石"前进。寺是圣岩寺，位于海拔460米山岙处，是舟山千岛位置最高的寺院。洞是安期生炼丹洞，位于海拔482米高处的一个天然岩洞，是秦代隐士安期生修道炼丹之所。

与桃花岛解下不解之缘，成就了"安期生泼墨醉桃花"的美丽传说，于是桃花岛也就在一定意义上成为"洞天福地"。

2. 精神要素

(1) 中国道教"祈福"文化

"福如东海、寿比南山"，中国道教文化中有着十分重要的祈福文化。修道之人总是寻找海上仙山来完成其长生不老、登上天界的梦想。安期生在东海岛上采药炼丹、修身养性，

(2) 后代诗人的大量吟诵

对于安期生，后代诗人有着大量的吟诵。苏轼《安期生》："安期本策士，平日交蒯通。尝干重瞳子，不见隆准公。"陆游《长歌行》："人生不作安期生，醉入东海骑长鲸。"元稹《和乐天赠吴丹》："冥搜方朔桃，结念安期枣。"李白《寄王屋山人孟大融》："我昔东海上，劳山餐紫霞。亲见安期公，食枣大如瓜。"

（二）文化元素核心基因提取

道教文化是中国传统文化的重要组成部分，祈福是普通大众怀有美好愿望的民俗行为。"安期生泼墨醉桃花"的美丽传说，赋予桃花岛亦奇亦幻的神秘色彩。"海客谈瀛洲，烟涛微茫信难求"，世外桃源、海上仙山、祈福之地，可以成为桃花岛的主题 IP 之一。

（三）文化元素核心基因评价

评价项目	评价因子	评价依据（特点）	是否
生命力评价	文化基因存续的时间	自出现起延续至今，未曾明显中断	√
		自出现起延续至今，但多次衰微、中断后复兴	
		曾明显衰败，改革开放后开始复活复兴或历史溯源关键环节缺失，难以考证	
		文化形态主体已灭失，现存部分痕迹	
	文化基因的稳定性	在发展过程中保持相当稳定的状态	√
		在发展过程中存在明显的精神内涵、表现形式剧变	
凝聚力评价	文化基因的凝聚力及社会动员效果	曾广泛凝聚起区域群体的力量，显著推动过社会经济文化的发展	√
		曾部分凝聚起区域群体力量，对社会经济文化的发展产生过影响	
		凝聚过力量，创造出实际的发展动能，但未见对社会经济文化发展产生显著改变	
		仅在历史文献或口耳相传中存在，未见实际介入社会经济发展	

续表

评价项目	评价因子	评价依据（特点）	是否
影响力评价	辐射的范围	具有全国性、世界性的影响力	
		具有长三角区域、浙江省影响力	
		具有市县、乡镇影响力	√
	提炼的高度	已经被古代文人士大夫和当代学者提炼为精神符号和理念理论	√
		单纯的样式、造型、工艺技术规范	
发展力评价	与当代精神追求和价值观念的契合	传统文化基因得到创造性转化、创新性发展；区域革命文化基因被完整继承、广泛弘扬；区域社会主义先进文化基因成为与浙江"三个地"相适应的文化高地	
		部分转化、部分弘扬、部分发展	
		难以转化、难以弘扬、难以发展	√

说明：基因特点评价是对解码出来的基因，根据《导则》表2的要求，围绕"四个力"逐一对表打"√"，进行定性表述。

1. 生命力评价

作为中国道教文化"祈福"的体现，"安期生泼墨醉桃花"的美丽传说，拉开了桃花岛的时空，赋予桃花岛亦奇亦幻的神秘色彩，同时也具有相当的生命力。

2. 凝聚力评价

"安期生泼墨醉桃花"文化元素所携带的"祈福文化"基因在历史上有过相当大的凝聚力。今天，这种凝聚力明显下降，在人们心中，也就是一个相当有意思的美丽传说。

3. 影响力评价

安期生在中国的历史上有着较大影响力，而桃花岛与安期生缘分的影响力就大为减弱。虽然"祈福文化"是中国文化的一部分，但相对重要的道家"洞天福地"，影响力明显不如。

4. 发展力评价

"安期生泼墨醉桃花"的美丽传说，相对而言，发展力较弱，其转化利用也有一定的难度。

（四）文化元素核心基因保存

文字材料

（1）忻怡：《安期生泼墨桃花岛》，载《中国民间故事丛书·浙江舟山普陀卷》，知识产权出版社，2019年。

（2）陶华：《安期生联想——走进桃花岛》，国际文化出版公司，2002年。

（3）〔汉〕刘向：《列仙传》，〔汉〕司马迁：《史记》，〔晋〕皇甫谧：《高士传》。此三书版本较多，不一一注明。

（4）1949年以前历代《定海县志》《普陀山志》皆有"安期生"记载。

（5）舟山市普陀区桃花镇人民政府编：《浙江省非物质文化遗产普查·桃花镇集成卷》，2008年。

（6）《海中洲·桃花岛专号》，《海中洲》2006年第6期。

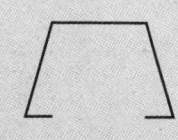

普陀海鲜传统加工技艺

海天普陀 普陀文化基因

普陀海鲜传统加工技艺

在悠久的海洋历史演进中，普陀海鲜加工技艺，从最初的随意、杂乱、无序，逐渐走向了有意和规范，最终形成了风制、干制、腌制、糟制、呛制、醉制、矾制和新鲜加工八大技艺，以及海鲜烹饪的技艺。

（一）文化元素分解

1. 物质要素

（1）丰富的制作原料

普陀紧靠舟山渔场，沈家门渔港是世界三大群众性渔港之一。这样的环境导致了普陀的海鲜产品不仅品类繁多，而且味道鲜美，自古就享有盛名，捕捞量一直名列全国之首，拥有"舟山带鱼""舟山大黄鱼""舟山三疣梭子蟹"等6件"舟山海鲜地理标志证明商标"。优质而繁多的海鲜产品，构成了"普陀海鲜传统加工工艺"的基础。

（2）悠久的加工技艺历史

"靠山吃山、靠海吃海"。普陀人民在与大海和谐相处的历史进程中，在海洋的生产生活中，形成了特有的海鲜加工文化，构成了海鲜饮食文化的优秀传统和独特方式。

普陀海鲜的加工技艺早在五代吴越国时期就有明确的记载，北宋范成大的《吴郡记》中就有大量明确的记录，而后在南宋和明清两朝，各类文献大量呈现，海鲜加工逐渐繁盛。到了民国时期，进入了一个高峰期，加工的种类增多，加工的技艺随着时代的发展不断深化，还出现了大量与海鲜文化相关的"海错诗"。

(3) 独特的加工工艺类型

基于地域的历史和文化沉淀，普陀海鲜加工技艺具有独特的七大工艺类型。分别为风制、干制、腌制、呛制、醉制、矾制和新鲜加工。七种类型几乎囊括了海鲜加工的各个方面，同时对各种海鲜又采用不同的具有针对性的加工类型。色彩丰富、样式繁多，色香味俱全。

2. 精神要素

(1) 海岛区域人民的文明贡献

普陀海产传统加工技艺蕴含人民群众文化精神和创造智慧，凝聚人民造物技术思想和实践经验，是体现海洋文化独特品格和气质的珍贵的非物质文化遗产。

(2) 海洋文化精神体现

普陀海鲜的传统加工技艺，是一种普遍性的海洋文化存在，而舟山普陀的海产品加工，更有着自己独特的传统特色，显示出一种个性化的海洋文化价值。主要体现在两个方面：一是加工技艺的独特性，二是加工工具的独特性。

(3) 中国海鲜之都

自2003年在中国第一届沈家门渔港民间民俗大会期间推出并举办"首届中国海鲜美食文化节"以来，陆续又举办过十余届海鲜美食文化节。沈

家门渔港大排档在活动中发挥了很大作用,同时,也提升了自身的知名度,被授予"中国海鲜之都"称号。

（二）文化元素核心基因提取

普陀海鲜传统加工技艺文化基因，深刻体现了海岛人民的智慧和海洋文化的精神特质，同时体现了海岛人民的伟大创造力，其核心基因的提取和利用对于传承优秀历史文化、体现海洋文化精神，具有十分重要的意义。

（三）文化元素核心基因评价

评价项目	评价因子	评价依据（特点）	是否
生命力评价	文化基因存续的时间	自出现起延续至今，未曾明显中断	√
		自出现起延续至今，但多次衰微、中断后复兴	
		曾明显衰败，改革开放后开始复活复兴或历史溯源关键环节缺失，难以考证	
		文化形态主体已灭失，现存部分痕迹	
	文化基因的稳定性	在发展过程中保持相当稳定的状态	√
		在发展过程中存在明显的精神内涵、表现形式剧变	
凝聚力评价	文化基因的凝聚力及社会动员效果	曾广泛凝聚起区域群体的力量，显著推动过社会经济文化的发展	√
		曾部分凝聚起区域群体力量，对社会经济文化的发展产生过影响	
		凝聚过力量，创造过实际的发展动能，但未见对社会经济文化发展产生显著改变	
		仅在历史文献或口耳相传中存在，未见实际介入社会经济发展	

续表

评价项目	评价因子	评价依据（特点）	是否
影响力评价	辐射的范围	具有全国性、世界性的影响力	√
		具有长三角区域、浙江省影响力	
		具有市县、乡镇影响力	
	提炼的高度	已经被古代文人士大夫和当代学者提炼为精神符号和理念理论	√
		单纯的样式、造型、工艺技术规范	
发展力评价	与当代精神追求和价值观念的契合	传统文化基因得到创造性转化、创新性发展；区域革命文化基因被完整继承、广泛弘扬；区域社会主义先进文化基因成为与浙江"三个地"相适应的文化高地	√
		部分转化、部分弘扬、部分发展	
		难以转化、难以弘扬、难以发展	

说明：基因特点评价是对解码出来的基因，根据《导则》表2的要求，围绕"四个力"逐一对表打"√"，进行定性表述。

1. 生命力评价

普陀海鲜加工技艺早在五代吴越国时期就有明确的记载。长久以来海鲜加工种类不断增多、加工技艺不断深化，已成为发展稳定的地域文化沉淀和符号。在新的历史时期，通过利用转化，必然呈现新的生命力。

2. 凝聚力评价

普陀海鲜传统加工技艺，蕴含人民群众文化精神和创造智慧，凝聚人民群众造物技术思想和实践经验，是体现海洋文化独特品格和气质的珍贵非物质文化遗产，其品牌的传承和发展有着十分重要的文化凝聚价值。

3. 影响力评价

舟山海鲜和沈家门夜排档，在整个中国极具知名度，声名远播四海。人们在感叹海鲜鲜美的同时，也同样赞赏普陀的传统海鲜加工工艺。于是，一路传承、四海播迁，影响力极为广阔。

4. 发展力评价

"民以食为天"，饮食文化是区域文化最浅显同时又是最深厚的表征，其发展和影响能力极其广泛和深刻。我们不断走向现代化、走向快餐简餐的时候，没有忘记对传统的饮食方式频频回首。普陀海鲜传统加工技艺，对现代人而言，是一种诗与远方，是一种难以割舍的"乡愁"。

（四）文化元素核心基因保存

图文资料

（1）舟山市文化广电新闻出版局：《舟山海产传统加工技艺》，中国文史出版社，2013年。

（2）忻怡、孙开雷：《普陀海产品传统加工技艺》，舟山市普陀区文化广电新闻出版局编印，2011年。

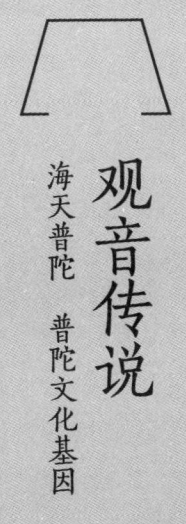

观音传说

海天普陀　普陀文化基因

观音传说

千百年来，从帝王将相到僧俗百姓，从建筑、绘画、文学至民间工艺等，观音信仰深刻地影响着中华文明的方方面面，并以各种形式留存了下来，其中最为典型的是流传于民间的观音传说。

观音传说源于民众对观音菩萨的崇敬与信仰，以佛教经典、造型艺术、民众的感应为基础进行创作，涉及观音的身世、显相、灵异、道场、应化事迹等。这些传说故事大多是扶危济困、惩恶扬善，倡导与人为乐、行孝敬祖、平等友善、积德累善的社会道德和做人准则。因此，在观音传说中，观音显得从容亲切、温和，充满了人文关怀，一下子从遥远的清净彼岸走到了凡俗的烟火人间，令人可亲、可近。

观音传说不仅仅是普陀山民间文学不可或缺的组成部分，还是研究佛教教义、历史沿革、民俗民风、社会思想的重要资料，其中蕴含的慈悲济世、利乐有情的精神，长久以来影响着一代又一代人，成为中华传统文化精神的重要表现。关于观音的传说故事，除了佛教典籍、文学作品外，大量流传于民间。

2008年，观音传说被国务院公布为第二批国家级非物质文化遗产项目，观音传说的传承与保护越来越受到人们的重视。2011年，普陀山风景名胜区管理委员会组织人员对观音传说进行普查，搜集志书及新增民间传说，并邀请张坚等人纂成《观音传说》一书。该书集结观音信仰的历史积淀、民间口碑、诗歌及研究保护等，传承前人智慧，融汇古今中外，对于弘扬中华传统文化，继续做好观音传说这一非物质文化遗产的传承与保护工作具有重要的意义。

（一）文化元素分解

1. 物质要素

（1）普陀山观音道场

普陀山是观音道场，也是国家级重点风景名胜区，位于舟山群岛东南部海域，系中国佛教四大名山之一。普陀山景区内包括普陀山、洛伽山、朱家尖，总面积41.95平方千米。其中普陀山本岛12.5平方千米，最高峰佛顶山海拔291.3米，既有悠久的佛教文化，又有丰富的海岛风光，古人称之为"海天佛国""人间第一清净境"。这里大海怀抱，金沙绵亘，景色优美，气候宜人。著名景点有潮音洞、梵音洞、朝阳洞、磐陀

石、二龟听法石、百步沙、千步沙、普济禅寺、法雨禅寺、慧济禅寺、南海观音立像、大乘禅院等。

（2）杨枝观音碑

在普陀山法雨禅寺后侧有一庵，名杨枝禅林，以供奉普陀三宝之一的"杨枝观音碑"而著称。此碑系明万历三十六年（1608）根据唐代名画家阎立本所绘杨枝观音像勒石而成。碑高2.33米、宽1.33米，上刻唐代仕女形象的观世音菩萨，珠冠锦袍，宝相庄严，仪态万方。

2. 精神要素

（1）与人为善、爱好和平的精神内涵

千百年来，观音传说一直在中国民间广泛流传。它不仅是传承观音文化的重要民间载体，而且其当代思想内涵与精神内核就是要促进人心和善、家庭和乐、人际和顺、社会和睦、文明和谐、世界和平。观音传说已成为一种"劝人为善、爱好和平"的观音文化现象，传播到世界各地。近半个世纪以来，观音信仰和观音传说还对沟通海峡两岸同胞情谊、传播中华传统文化、促进世界和平起到了一种特殊的感召力与凝聚力作用。

（2）慈悲救世、众生平等的观念

观音常以温柔女性的形象出现在世俗生活中，显得更有亲和力。观音菩萨是一位深受中国人崇拜的"慈悲女神"，包括世间流传的众多观音显灵故事，乃是因为故事本身证得其思想之故。佛教认为，观音是誓愿普度众生一切苦恼的菩萨，以慈悲为心性，教导、感化、解救众生而受到了世人的崇拜。这种崇拜随着传播范围的扩大、信徒数量的增多、法事场面越来越隆重而慢慢发展成一种相当普遍的佛教信仰形式。

3. 语言和象征符号

（1）善财童子五十三参

普陀山观音传说的主要来源之一是善财童子五十三参，《华严经》载："善财承教，至补怛洛伽山，参观自在菩萨。

既至彼山，处处求觅，见其西面岩谷之中，泉流莹映，树林蓊郁，香草柔软，右旋布地。时观自在菩萨于金刚宝石上，结跏趺坐。无量菩萨，恭敬围绕，为说大悲行门已。乃云：如诸菩萨，已净普贤一切愿，已住普贤一切行等，而我云何能知能说。复令参正趣菩萨。"善财童子最终凭着一颗至诚的心和百折不回的毅力，经受住了种种磨难和考验，最后在参访普贤菩萨时，终于获得"一切佛刹微尘数三昧门"，成就了"菩萨行愿"。

（2）不肯去观音传说

普陀山观音传说的主要来源之一是日僧慧锷与不肯去观音的故事。五代后梁，日本高僧慧锷乘帆船来华，到五台山请得了一尊观世音菩萨像，将载回日本去供养。帆船开到莲花洋，忽然开不动了。慧锷法师就向观音菩萨祷告："菩萨如果不肯到日本去，随便菩萨要到哪里，我和尚就跟到哪里，终身供养。"祷告毕，帆船果然开动了。随风漂泊，一直来到了普陀岛的潮音洞旁边。慧锷法师便捧菩萨像登陆。此时普陀全无寺院，只有居民。有一个姓张的居民，知道日本僧人从五台山请观音来此，就捐献几间房屋，给他供养观音像，又替这房屋取了个名字，叫作"不肯去观音院"。慧锷法师就在不肯去观音院内终老。不肯去观音院是普陀第一所寺院，是紫竹林的前身。

（3）观音的三十二应身

为了教化不同环境的众生，传说中的观音经常变化成不同的身份形象，如水月观音、鱼篮观音、送子观音、紫竹观音等等，成为观音传说的源头之一。普陀山的观音主刹——普济禅寺的大圆通宝殿中，左、右各有十六尊塑像，喜怒哀乐，富贵贫贱，形象各异，是观音菩萨的三十二应身（或称应化身）。观音菩萨的三十二应身塑像，在其他地区的佛寺中是很少见

到的。普陀山除普济禅寺外,在法雨禅寺大圆通殿的大型海岛观音群塑像中,也有三十二应身像。这些雕塑形态各异,栩栩如生,是不可多得的艺术品。

(4) 丰富的民间传说作品

观音传说在普陀山的朝拜者、游览者口中代代传承,形成了四大类传说:帝王名人传说,如潮音和尚服康熙、董其昌、陈继儒墨宝重现记,潮音让贤,龚翁送诗画,海盗劫经沉舟记等;风物传说,如观音跨海选道场、八角亭、短姑道头、多宝塔等;佛经人物传说,如鳌头观音、八仙请观音、伽蓝观音、观音编草鞋、观音度弥勒等;善男信女传说,如施氏两度遇道姑、老幼免遭沉溺之灾、童子舍身观音接引、张老汉梵音洞见观音等。

（二）文化元素核心基因提取

基于对材料的全面、深入分析，得出本文化元素的核心基因表述为："普陀山观音道场""与人为善、爱好和平的精神内涵""慈悲救世、众生平等的观念""丰富的民间传说作品"。

（三）文化元素核心基因评价

评价项目	评价因子	评价依据（特点）	是否
生命力评价	文化基因存续的时间	自出现起延续至今，未曾明显中断	√
		自出现起延续至今，但多次衰微、中断后复兴	
		曾明显衰败，改革开放后开始复活复兴或历史溯源关键环节缺失，难以考证	
		文化形态主体已灭失，现存部分痕迹	
	文化基因的稳定性	在发展过程中保持相当稳定的状态	√
		在发展过程中存在明显的精神内涵、表现形式剧变	
凝聚力评价	文化基因的凝聚力及社会动员效果	曾广泛凝聚起区域群体的力量，显著推动过社会经济文化的发展	√
		曾部分凝聚起区域群体力量，对社会经济文化的发展产生过影响	
		凝聚过力量，创造过实际的发展动能，但未见对社会经济文化发展产生显著改变	
		仅在历史文献或口耳相传中存在，未见实际介入社会经济发展	

续表

评价项目	评价因子	评价依据（特点）	是否
影响力评价	辐射的范围	具有全国性、世界性的影响力	√
		具有长三角区域、浙江省影响力	
		具有市县、乡镇影响力	
	提炼的高度	已经被古代文人士大夫和当代学者提炼为精神符号和理念理论	√
		单纯的样式、造型、工艺技术规范	
发展力评价	与当代精神追求和价值观念的契合	传统文化基因得到创造性转化、创新性发展；区域革命文化基因被完整继承、广泛弘扬；区域社会主义先进文化基因成为与浙江"三个地"相适应的文化高地	√
		部分转化、部分弘扬、部分发展	
		难以转化、难以弘扬、难以发展	

说明：基因特点评价是对解码出来的基因，根据《导则》表2的要求，围绕"四个力"逐一对表打"√"，进行定性表述。

1. 生命力评价

观音传说源于观音信仰，是老百姓民间创作、口口相传留下的民俗文化产物，寄托了历代中国百姓的心愿和理想，伴随着佛教中国化进程而逐渐发展积淀成独特的东方文化形式与民俗现象。四大核心基因通过观音传说故事这种群众性民间载体而得以建立、发展，实现人人相传，代代相承。因此，它们自出现起延续至今，未曾明显中断，在发展过程中保持相当稳定的状态。

2. 凝聚力评价

观音传说是演绎和传播观音信仰的民间载体，它的产生与发展具有文化性、民间性等突出特点，对中国社会文化产生了多方面的积极影响，民间把观音典籍中的精神内涵融入通俗易懂的传说故事，从而达到深入浅出传播观音文化的目的。自此，观音传说的民间创作广为流传，推动了观音信仰乃至整个佛教中国化的历史进程。在此过程中，四大核心基因广泛凝聚起区域群体的力量，显著推动了社会经济文化的发展。

3. 影响力评价

观音传说一直在中国民间被广泛地传播着、信奉着，而且这种传播、信奉已经超越了民族和国界，成为一种"劝人为善、爱好和平"的观音文化现象而传播到了世界各地。如今，从东南亚国家乃至世界各地，到处都有供奉观音的道场，传布着观音慈悲为善、救苦救难、普度众生的感人故事。自此，观音传说四大核心基因具有全国性乃至世界性的影响力，已经被古代文人士大夫和当代学者提炼为精神符号和理念理论。

4. 发展力评价

观音传说是观音文化的重要组成部分，对于净化人们的思想意识，提倡社会主义公德，进行社会主义精神文明建设，构建和谐社会，以及保护和传承非物质文化遗产，都有着重要的作用。近年来，观音传说随着社会的发展不断地实行自身的扬弃，以适应社会，因而其在今后相当长的一个历史时期仍将发挥自身的作用。因此，四大核心基因与当代精神追求和价值观念相契合，传统文化基因得到创造性转化、创新性发展。

（四）文化元素核心基因保存

图文资料

《论舟山观音信仰的文化嬗变》《观音传说：世界和谐文化的瑰宝》等5项文字资料，《普陀洛伽山志》《普陀山佛教文化》等书籍，《"短姑道头"传说》《"心字石"》等20页图片资料，《多宝塔合成》《二龟听法石合成》《"心字石"的由来》等4项视频资料保存于浙江文化基因解码调查组资料库。

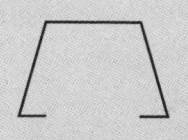

观音法界

海天普陀　普陀文化基因

观音法界

普陀山观音文化园位于舟山朱家尖白山山麓，与"海天佛国"普陀山隔海相望，总面积约 9 平方千米。观音文化园的核心区域观音法界，占地约 2500 亩（合约 1.67 平方千米），总建筑面积约 28 万平方米，是一个以观音文化为主题，以观音慈悲济世精神为内核，集朝圣、观光、体验、研学功能于一体的观音文化博览园，也是一个以观音文化为主题的佛教生态园林。

观音法界依托朱家尖滨海地貌，采用轴线布局、点线结合的构造方式，以香莲路为轴线依次展开，从东至西分别安排普隐精舍、中国佛学院普陀山学院男众部、观音圣坛、居士学院、

正法讲寺暨中国佛学院普陀山学院女众部等5个佛教单体机构。观音圣坛占地约380亩（合约25.33万平方米），为"一主两从""品"字形建筑群，建筑形态抽象于普陀山观音坐像，举世唯一。圣坛两侧善财、龙女二楼拱卫，建筑面积61900平方米，高91.9米，广场直径219米，雄伟的建筑和后山相得益彰，气势雄浑。

圣坛秉承"圣坛即观音"的设计理念，由台阶、基座、莲瓣、塔身、背光和毗卢帽六大部分组成，仿若观音菩萨结跏趺坐于莲座之上。观音圣坛集当代佛教艺术之大成，是观音法界的建筑地标和文化地标。

观音法界是彰显观音信仰的平台、观音文化研学游览胜地。它以传承千载的观音信仰为内核，是当代观音文化的传播中心。

（一）文化元素分解

1. 物质要素

（1）传统与现代结合的佛教建筑

观音法界具有颇高的观赏价值，尤其是地标建筑观音圣坛，融合了中国传统楼阁建筑特色与现代高层建筑技术，集当代佛教艺术之大成。区域内的建筑将双曲面玻璃等现代材料、现代加工工艺，檩条、屋面瓦等中国传统楼阁元素与莲花瓣、毗卢帽等佛教元素相结合，成为具有砌筑石材、铜板、玻璃、钛瓦、铝板挑檐等结构的现代佛教建筑典范。

(2)以像化形的观音圣坛

观音圣坛的建筑创意设计源自普陀山普济禅寺的毗卢观音坐像，整体设计形神兼备，远远观去就似毗卢观音端坐莲台，给人极强的艺术感受。从下至上，6层层级构造，寓指"从花到果的修行之路"。建筑纹样中，融入观音佛手、法器、阿弥陀佛四十八大愿等佛教元素和理念，彰显圣坛的庄严与神圣感。观音圣坛内的大殿穹顶由数百座观音像组成，只见其不语，却透露出肃穆庄严，将众生尽收眼底，令人心生敬畏。穹顶上还嵌有霓裳屏，以此来提供照明，通体生辉，佛光璀璨。

(3)山水交融的禅意园林

依凭朱家尖的自然地形地貌，观音法界循山水而建，通过山景、佛感植物带和生态水系的连接，将自然景观和佛教文化完美地融合在一起，形成以观音文化为主题的佛教生态园林。观音公园以佛教理念打造禅意山水，主要景观有行念谷、般若湾、幽篁里、修慧谷、小南海、福田花雨等，宛如一幅天然的山水画卷。

(4)精巧独特的空间格局

观音法界不仅通过建筑、园林、文物等多角度全方位地展现了佛教文化内涵及文化审美，更因与普陀山隔海相望，从而构成了佛顶山（慧济禅寺）、南海观音、观音圣坛遥相呼应的三位一体轴线，同时在佛顶山（慧济禅寺）、观音圣坛、朱家尖大青山之间也构成了另一条天然轴线，体现出精巧独特的空间格局。

2. 精神要素

(1)观音文化承前启后、生生不息的精神

观音法界的惊世宏构体现了当代观音文化承前启后、生生不息的精神。从文化传承角度上看，观音法界是普陀山观音文化的博览园、研学游览胜地，彰显了普陀观音文化强大的生命力。

(2)清灵安静、启迪净化的追求

观音文化是中国传统文化中的重要一脉。观音法界呈现了民众对清灵安静、启迪净化的精神追求。观音圣坛展现佛教文化尤其是观音文化的展厅，一方面传递了菩萨慈悲救世的情怀，另一方面通过丰富多彩的造像艺术表现形式、唯美端庄的造型特征、独特精湛的制作工艺、深厚的文化积

淀和气韵，呈现了民众对清灵安静、启迪净化的精神追求。普门总持展厅则通过观音菩萨的应化道场、庄严应身、多罗菩萨与无边愿力等四个角度呈现观音菩萨"无刹不现身"的造像之美和周围遍布圆通之"普门"。这般清灵安静的氛围，使人烦乱的心灵得到启迪和净化。

3. 制度要素
（1）具有佛教根源的总体构想

观音法界之名具有佛教根源。"法界"为佛教术语。佛教认为，一真法界，万亿宇宙，诸法实相，五蕴皆空。佛力无边，善拔诸苦圣像功德，不可思议。开通法桥，弘扬妙法，遍施宝筏，普济有缘故经云：佛说一切法，为度一切心。礼之，敬之，培植无量福慧也！法，泛指宇宙万事万物各持特性，自成轨则，互不紊乱；亦指诸佛之教法，是佛教三宝（佛、法、僧）之一殊胜法宝的意思，寓意真理。界，为分门别类的不同事物各守不同的界限。故法界统摄一切法，一切法皆是佛法，因此佛教以八万四千法门为调伏众生的甘露法药，令一切众生"闭恶趣门，开涅槃路"，得证解脱。

此外，观音圣坛的建筑数据也具有特殊意义，主体建筑一共9层（9为极数），占地面积55亩，建筑高度达到91.9米（观音菩萨出家日九月十九日），建筑总面积61900平方米（观音菩萨得道日六月十九日），圣坛广场直径为219米（观音菩萨生日二月十九日）。

（2）举世无双的精巧技艺

作为佛教文化艺术品殿堂，圣坛装饰部件数量多达上千件，而且原创性强、构件大、荷载大。以手工精雕细琢、锻打、浇铸和镶嵌等方法制作的飞天、飘带、海浪纹、云纹、莲花、如意等造型的艺术品构件，加上公共环廊和正法光明阁，所涉纹饰纹案共计126种。观音法界项目部翻阅参考了各种古建及佛教书籍，请教文化专家、艺术大师和非物质文化遗产传承人，多次探讨和交流，将所学一一吸收、

· 229 ·

消化，不厌其烦地建模、打样，极力追求艺术品手工痕迹的视觉效果。

圣坛内的须弥山更是足以代表中国混凝土穹顶技术创新的标志。结构形体为双层混凝土斜交镂空网格，是以轴心对称的球形旋转体结构，结构高23.7米，底部直径60米，上口直径23米，剖面曲率29种，镂空网格15种，建造之精妙、结构之精绝、技艺之精细，集装饰、结构、艺术于一体，是国内首个超大空间斜交网格镂空体混凝土结构，在国际上都鲜有与其难度相当的装饰化结构，可谓"举世无双"。

4. 语言和象征符号

经典的佛教故事

观音法界之中，处处蕴含了佛教经典故事。例如观音圣坛右边的善财楼，它高33米，共分三层，建筑面积约1865平方米，依次表现了华严盛会、善财童子五十三参等佛教经典故事。据佛经记载，善财生在西方的福城中，出生时有各种珍宝出现，因此取名善财，是观音菩萨右侍者。圣坛左边的龙女楼，高33米，共分三层，建筑面积约2151平方米。据佛经记载，龙女为婆竭罗龙王的小女儿，自幼聪慧，八岁就在法华会上示现成佛，为辅助观音菩萨普度众生，又以童女之身示现为观音菩萨的左侍者。

（二）文化元素核心基因提取

基于对材料的全面、深入分析，得出本文化元素的核心基因表述为："以像化形的观音圣坛""观音文化的弘法中心和举世无双的精巧技艺""观音文化承前启后、生生不息的精神""清灵安静、启迪净化的追求"。

（三）文化元素核心基因评价

评价项目	评价因子	评价依据（特点）	是否
生命力评价	文化基因存续的时间	自出现起延续至今，未曾明显中断	√
		自出现起延续至今，但多次衰微、中断后复兴	
		曾明显衰败，改革开放后开始复活复兴或历史溯源关键环节缺失，难以考证	
		文化形态主体已灭失，现存部分痕迹	
	文化基因的稳定性	在发展过程中保持相当稳定的状态	√
		在发展过程中存在明显的精神内涵、表现形式剧变	
凝聚力评价	文化基因的凝聚力及社会动员效果	曾广泛凝聚起区域群体的力量，显著推动过社会经济文化的发展	√
		曾部分凝聚起区域群体力量，对社会经济文化的发展产生过影响	
		凝聚过力量，创造过实际的发展动能，但未见对社会经济文化发展产生显著改变	
		仅在历史文献或口耳相传中存在，未见实际介入社会经济发展	

续表

评价项目	评价因子	评价依据（特点）	是否
影响力评价	辐射的范围	具有全国性、世界性的影响力	√
		具有长三角区域、浙江省影响力	
		具有市县、乡镇影响力	
	提炼的高度	已经被古代文人士大夫和当代学者提炼为精神符号和理念理论	√
		单纯的样式、造型、工艺技术规范	
发展力评价	与当代精神追求和价值观念的契合	传统文化基因得到创造性转化、创新性发展；区域革命文化基因被完整继承、广泛弘扬；区域社会主义先进文化基因成为与浙江"三个地"相适应的文化高地	√
		部分转化、部分弘扬、部分发展	
		难以转化、难以弘扬、难以发展	

说明：基因特点评价是对解码出来的基因，根据《导则》表2的要求，围绕"四个力"逐一对表打"√"，进行定性表述。

1. 生命力评价

以像化形的观音圣坛是目前世界上唯一将佛教造像原型作为建筑形态意象的佛教建筑，举世无双的精巧技艺构筑起观音文化的弘法中心。正所谓"千秋伟业千秋景，百年建筑百年荣"，观音法界虽建成不久，但其"以像化形的观音圣坛""观音文化的弘法中心""举世无双的精巧技艺"等文化基因，因具有传统与现代结合的特点，具有创造力和生命力。未来的观音法界也将成为僧俗共修、展示中国佛教发展潮流与方向的精

· 233 ·

神家园。

2. 凝聚力评价

菩萨行无缘大慈，运同体大悲，大慈与人乐，大悲拔人苦，在智、悲、行、愿之中，观音菩萨在娑婆人间救苦救难的品格，使其成为慈悲的化身，是信众心中的信仰希冀。观音圣坛建成后，与普陀山慧济禅寺、南海观音像构成人文南北轴线，使得整个观音法界与普陀山协同呼应，构建朱家尖与普陀山佛教文化的有机统一。其文化基因也将凝聚起区域群体的力量，推动区域社会经济文化的发展。

3. 影响力评价

我国有四大佛教名山，舟山群岛的普陀山世称观音菩萨道场，历代皇帝屡屡敕建，举世钦崇，各地景仰。"家家阿弥陀，户户观世音"。慈悲即观音，在中国妇孺皆知。观音菩萨在国际上有"人类的仁慈保护者"之称。观音文化是中国佛教文化中独具魅力的重要一脉，千百年来，其闻声救苦、慈悲济世的博大精神，受到社会大众的广泛信仰。观音法界作为集文化体验、艺术展示、文化交流、观光服务等功能于一体的观音文化博览园，其文化基因具有全国性乃至世界性的影响力。

4. 发展力评价

改革开放以来，普陀山在建设和弘扬观音文化中取得了显著成效。观音法界的建设，是普陀山观音文化发展的第二次重大的历史性跨越。这座宏伟的新时代佛教建筑综合了中国传统楼阁特色与现代高层建筑技术。它集礼佛、展陈、体验、教化于一体，集观音文化之大成，功能分布上自下而上层层递进，由浅入深，向信众全面展示观音信仰和观音文化的精神内涵和时代价值。其文化基因与当代精神追求和价值观念有一定契合度，具有强大的发展力。

（四）文化元素核心基因保存

图文资料、视频资料

《观音法界》等 28 项图片资料、文字资料，《观音法界》视频资料保存于浙江文化基因解码调查组资料库。

紫竹林

海天普陀　普陀文化基因

紫竹林

普陀山是观音菩萨的道场，而这海天佛国的渊源就在紫竹林。

紫竹林景区，位于浙江省舟山市普陀山东南部的梅檀岭下，是普陀山金沙与百步沙之间那一片伸入海中的陆地，面朝着波光潋滟的莲花洋。紫竹林景区内主要有不肯去观音院、紫竹林庵、潮音洞、南海观音立像等景点，南有观音跳，对岸可见洛伽山。

此地山中的岩石呈紫红色，剖视可见柏树叶、竹叶状花纹，因称紫竹石。后人在此栽上大片紫竹，紫竹林因此得名。

关于紫竹林的渊源，有一则民间传说。相传观音菩萨在普陀山开辟道场，兴建佛寺禅院之时，惊动了沉睡在洞中的普陀山蛇王。蛇王以自己能现出原形围绕山体三匝为傲，无视观音菩萨借地的请求。观音菩萨笑而不语，只是与蛇王约定，如果它真的可以绕山体三匝就收回借山的请求。但见蛇王摇身一变，现出了千年巨蟒的原形，用它的身体从头到尾围住了普陀山，并且故意颤动着身体，让全岛像地震一样地颤抖。观音菩萨见状使出了妙法，将这座山慢慢地变大，蛇身不断地伸展，这座山也不断地放大，直到最后蛇王用尽全力也无法绕山三匝。为了让蛇王彻底心服口服，观音菩萨便使了一出"点石成竹"，用手一指旁边的白石，上面就现出无数的紫竹来，这即为紫竹石，而这个故事就是紫竹林的由来。

紫竹林内有一座不大却充满传奇色彩的庙宇，叫"不肯去观音院"。

故事前已述，兹不赘言。如今的不肯去观音院，是1980年重建于著名景点潮音洞旁礁岩之上的，2001年11月再次重修。在不肯去观音院前，有大士桥、澹澹亭、光明池、抗倭石刻、潮音洞，构成院、亭、桥、池、碑、洞等一组精致景点。现殿内供仿唐式十一面观音像，寺院西侧筑"三十三观音灵场"长廊，内塑寺院主尊。

在不肯去观音院的另一侧，便是紫竹林庵。紫竹林庵在几百年间，经历了数次修建。明万历末年，高僧照宁在此地修建听潮庵。清雍正、道光、光绪年间，广纪、净守等禅师续有修建，并改称此地为"紫竹林"。1919年，康有为题"补怛紫竹林"匾额。改革开放之后，由妙善大师主持了最后一次修建。目前留存的主要建筑有天王殿、大雄宝殿、大悲楼等。

在紫竹林庵前，是翻滚着潮水的潮音洞。它是一处由高渐低侵入海中的纵断岩沟，沟长30余米，宽数尺，沟最深处10余米。沟中有洞，沟洞连通，峭壁峥嵘。沟顶的裂缝，称为"天窗"。沟壁上有"潮音洞"三个刻字，系清康熙三十八年（1699）御书。潮水奔涌入洞，势如飞龙；浪击沟穴，声如霹雳；沟壁凝结水珠，滴沥闪光。

再向南行进，便是南海观音立像。1995年，刘大为先生受普陀山重兴之祖、普陀山佛教史上第一位全山方丈——妙善大师委托，主创了普陀山南海观音立像手稿，并得到了妙善大师的指点修正。观音像正式动工于1996年，1997年农历六月竣工，中国佛教协会会长赵朴初为其题词，农历九月二十九日举行开光大典，为普陀山增添了新的人文景观，成为海天佛国的象征。

紫竹林不仅具有绮丽的自然景观，还具有丰富的文化内涵和历史底蕴。"千处祈求千处应，苦海常作度人舟。"观音大士，拥有广大的佛教信众。作为普陀开山供佛之地，紫竹林有着独特的、标志性的意义，在过去、现在和未来，应该都具有强大的吸引力和深远的影响力。

（一）文化元素分解

1. 物质要素

（1）以紫竹林和潮音洞为代表的自然景观

紫竹林拥有别具特色的自然景观，比如其名字的由来——紫竹石。紫竹石，也称观音石，白质黑章，花纹似紫竹，枝叶宛然在目，图案斑斓，犹如一幅幅天然岩画，颇具观赏价值。清人曹伟曾有《紫竹岩》诗云："石晕斑斓水气昏，竞传灵迹凿山根。试看墨泼桃花石，一样潮音紫竹痕。"

大气壮阔的潮音洞，与梵音洞合称"两洞潮音"，是普陀十二景之一。在纵沟的入海处，沟口呈喇叭状，潮浪击拍，激

起冲天水花,气势磅礴;蹿入沟口的潮流,风高浪急,激溅起片片水花。即使在平日,潮水撞击沟口,也可溢起水幕漫天。若遇大潮,水龙直灌"天窗",滚流翻浪;若是风和日丽时,沟内又会呈现七彩虹霓,令观者惊奇感叹。清康熙《南海普陀山志》载:"盖潮音之奇,不止洞内。洞口、石门数处,巉岩佶屈,回澜障波怒涛,排突凌轹,勇跳飞腾,没石淋漓,若怒若嬉,银河倒泻,琼宇倾颓,观者眩目震耳,悸魄堕魂……"潮音洞景观之奇可见一斑。

(2)以不肯去观音院和南海观音为代表的佛教建筑

不肯去观音院建筑简练、精巧,为普陀山观音道场之始。其殿院小巧精致,院外古朴曲折的竹形水泥栏杆连接着亭、桥、池、石,形成紫竹林东南隅独特的旖旎风光。殿院改建成唐式结构,在它的西侧筑有"日本三十三观音灵场"长廊,内塑日本33座供奉观音的寺庵主尊。门前"不肯去观音院"匾额为普陀山前任方丈所书。不肯去观音院的东下面是潮音古洞,西上面是紫竹林庵,岚影水光,景色如画,游客不断,香火兴旺。

南海观音立像坐落于双峰山南端的观音跳山岗上。此处势随峰起,秀林葱郁,气顺脉畅,碧波荡漾。莲花洋彼岸的朱家尖,隔海侍卫;双峰山坡麓的紫竹林,潮音频传。

南海观音金身重70余吨,连台基高33米。观音之相细目微垂,脸若满月,左手托法轮,右手施无畏印。宝像为铜质,面部覆黄金,台基为两层方形殿堂,外墙采用灰白色细粒型花岗岩包饰,正面和两侧拱门精雕花卉。底层为功德厅,上层为观音堂,在两层殿堂外均有宽阔的平台。石栏护卫,殿门左右两尊石狮各高3米,两边石砌亭堡下左右分别为"鉴真东渡""玄奘西游"青石浮雕壁廊。

"南海观音慈悲大千,普陀新景光照千秋。"自南海观音露天立像起,诸众纷至杳来,瞻礼祈福。

2. 精神要素

（1）抗击倭寇的爱国精神

在潮音洞一崖石立面上，有一幅很有历史价值的题刻，上镌"明嘉靖癸丑（1553）季秋，副使李文进、参将俞大猷、都督刘恩至，督兵灭倭于此。"这句话记载了400多年前，明代将领在潮音洞经历过的一场灭倭战斗。刀光剑影，舟楫旌旗，如在目前。将士们浴血奋战，抛头颅、洒鲜血，捍卫了祖国的大好江山，潮音洞记录下的这一历史回音，体现了将士们抗击倭寇的爱国精神。

（2）慈悲为怀的济世精神

在不肯去观音院的门前有块石碑，高2米余，上镌"禁止舍身燃指"六个楷书大字。据载，普陀山香火极盛之时，常有香客为脱离苦海，往生西方极乐世界，在潮音洞纵身跳下山崖离世；也常有香客在此燃烧手指，自残自虐，以求观音菩萨现身。明万历年间，参将董永燧在此建"莫舍身亭"，以戒舍身燃指者。清康熙时，舍身燃指愈演愈烈，于是定海（今舟山市）县令缪燧在岸上建亭，并亲书《舍身戒》，立碑以禁。碑乃都督李分、参将陈九恩所立，今亭废碑在。

石碑背后镌有碑文，其文曰："观音慈悲，现身说法，是为救苦救难，岂肯要人舍身燃指？今皈依佛教者，信心修，众善行，自然圆满。若舍身燃指，有污禅林，反有罪过。为此立碑示谕，倘有愚媪村氓，敢于潮音洞舍身燃指者，住持僧即禁阻；如有故犯，定行缉究。"此碑以佛教宗旨，劝人珍惜生命，寥寥数行，把佛教信仰者与"舍身燃指者"区别开来，而将后者加以严禁，体现出佛教慈悲为怀的济世精神。

3. 语言和象征符号

(1) 丰富精彩的传说故事

紫竹林内的许多景点都富有传奇色彩。其中，最令人称道的传奇故事要数不肯去观音院的由来。后梁贞明二年（916），日本僧人慧锷从山西五台山请得观音佛像泛舟回国，行至普陀山莲花洋，只见遍海莲花，团团簇簇，舟不能行。慧锷惊异，便向佛像祷告："若我国众生无缘见佛，当从所向建立精蓝。"船在风浪中颠簸激荡，终于在潮音洞旁泊岸。当地居民张氏睹此灵异，遂舍宅供奉佛像，将住宅称为"不肯去观音院"，今日院名即由此而来。这就是"佛选名山"的传说。从此，普陀山成为中国四大佛教名山的观音道场，到普陀山朝拜观音的香客络绎不绝。如今的普陀山，有寺专供慧锷，纪念这位日本僧人当年留观音佛像于普陀山的功德。

(2) 意境深远的诗词歌赋

从古至今，在紫竹林这方宝地，众多文人墨客留下了自己的所见所闻、所思所想。

关于不肯去观音院，康有为作《游普陀题》，诗云："观音过此不肯去，海上神山涌普陀。楼阁高低二百寺，鱼龙轰卷万千波。云和岛屿青未了，梵杂风潮音更多。第一人间清净土，欲寻真歇竟如何！"赵朴初的《谒金门》亦有言："不肯去，甘禁万劫风雨。此土缘深非妄许，悲心同广宇。 从此名山钟毓，无尽妙华慧炬。宝筏不辞千手与，度普天儿女。"

关于壮阔的潮音洞景观，明代的徐如翰有一诗云："群公共礼潮音洞，莫作潮音洞口诗。纵有绣肠描不出，直须绝倒叫神奇。"汤显祖也留下了"洞里潮音一泡多，如雷如焰隐波罗。莲花侧覆寻常说，今日将身在普陀"这般意境深远的诗句。

（二）文化元素核心基因提取

基于对材料的全面、深入分析，得出本文化元素的核心基因表述为："以紫竹林和潮音洞为代表的自然景观""以不肯去观音院和南海观音为代表的佛教建筑""慈悲为怀的济世精神"。

（三）文化元素核心基因评价

评价项目	评价因子	评价依据（特点）	是否
生命力评价	文化基因存续的时间	自出现起延续至今，未曾明显中断	√
		自出现起延续至今，但多次衰微、中断后复兴	
		曾明显衰败，改革开放后开始复活复兴或历史溯源关键环节缺失，难以考证	
		文化形态主体已灭失，现存部分痕迹	
	文化基因的稳定性	在发展过程中保持相当稳定的状态	√
		在发展过程中存在明显的精神内涵、表现形式剧变	
凝聚力评价	文化基因的凝聚力及社会动员效果	曾广泛凝聚起区域群体的力量，显著推动过社会经济文化的发展	√
		曾部分凝聚起区域群体力量，对社会经济文化的发展产生过影响	
		凝聚过力量，创造过实际的发展动能，但未见对社会经济文化发展产生显著改变	
		仅在历史文献或口耳相传中存在，未见实际介入社会经济发展	

· 247 ·

续表

评价项目	评价因子	评价依据（特点）	是否
影响力评价	辐射的范围	具有全国性、世界性的影响力	√
		具有长三角区域、浙江省影响力	
		具有市县、乡镇影响力	
	提炼的高度	已经被古代文人士大夫和当代学者提炼为精神符号和理念理论	√
		单纯的样式、造型、工艺技术规范	
发展力评价	与当代精神追求和价值观念的契合	传统文化基因得到创造性转化、创新性发展；区域革命文化基因被完整继承、广泛弘扬；区域社会主义先进文化基因成为与浙江"三个地"相适应的文化高地	√
		部分转化、部分弘扬、部分发展	
		难以转化、难以弘扬、难以发展	

说明：基因特点评价是对解码出来的基因，根据《导则》表2的要求，围绕"四个力"逐一对表打"√"，进行定性表述。

1. 生命力评价

以紫竹林和潮音洞为代表的奇特壮丽的景观是自然的馈赠，它们孕育了普陀观音文化，见证了普陀山成为观音道场，在千百年间不曾停止富有生命力的涌动。以不肯去观音院和南海观音为代表的佛教建筑，自建造以来，经历了数次改造和修建，留下了历代帝王将相、文人墨客的手迹，吸引了五湖四海的善男信女来此朝拜，聆听了芸芸众生虔诚的心声。佛教救人济世、慈悲为怀的精神，蕴含于山川自然、宫殿建筑之中，古往今来,生生不息。

由此可见,紫竹林的核心文化基因自出现起延续至今,未曾有明显的中断,具有顽强的生命力。

2. 凝聚力评价

紫竹林"以紫竹林和潮音洞为代表的自然景观""以不肯去观音院和南海观音为代表的佛教建筑""慈悲为怀的济世精神"曾广泛凝聚起区域群体的力量,显著推动过社会经济文化的发展。

三大核心基因是此地观音文化的源泉。秀美的自然风光、深厚的佛学文化,使得前来紫竹林景区的观光游客和佛教信徒络绎不绝,推动了区域经济社会和文化的发展。

3. 影响力评价

"以紫竹林和潮音洞为代表的自然景观""以不肯去观音院和南海观音为代表的佛教建筑""慈悲为怀的济世精神"体现出紫竹林不仅具有奇丽的自然景观,还具有丰富的文化内涵和历史底蕴。

"千处祈求千处应,苦海常作渡人舟。"观音是中国佛教的四大菩萨之一。作为普陀开山供佛之地,紫竹林有着独特的标志性意义,在过去、现在和未来,都具有强大的吸引力和全国性、世界性的影响力。

4. 发展力评价

进入21世纪以来,"以紫竹林和潮音洞为代表的自然景观""以不肯去观音院和南海观音为代表的佛教建筑""慈悲为怀的济世精神"的文化基因得到了创造性转化和创新性发展。例如2012年刘大为先生依据其1995年主创的普陀山南海观音立像为原型,进行等比例缩放,并再次艺术创作,使"普陀山南海观音金造像(收藏版)"更适于个人收藏、供奉,展现出文化基因强大的发展力和潜力。

（四）文化元素核心基因保存

图文资料

《"禁止舍身燃指"碑》《海天佛国普陀山》等5项文字资料，《不肯去观音院》《紫竹林禅院》等20余项图片资料保存于浙江文化基因解码调查组资料库。另外，出版物有《普陀山志》《普陀洛迦新志》《普陀洛伽山志》《普陀山佛教文化》等。

普陀山三大寺

海天普陀　普陀文化基因

普陀山三大寺

普陀山三大寺指的是普济禅寺、法雨禅寺和慧济禅寺这三座普陀山规模最大的古刹。

普济禅寺，又称前寺，位于普陀山岛南灵鹫峰下，为普陀山第一大寺，也是普陀山的朝圣中心。寺院始建于北宋，现存殿宇为清初重建。寺前有长约100米、宽40米的放生池，名"海印池"，因池中种植莲花，故亦有"莲池"之称。每当荷花盛开的季节，皓月当空，清风徐来，荷香月色，分外娇艳，这就是普陀十景之一的"莲池夜月"。相传，普济禅寺为宋代曹洞宗高僧真歇清了禅师（1089—1151）于南宋建炎二年

（1128）登普陀山礼拜观音时初住的寺院，后有慧辉、普济、怀信、祖铭等大师相继住持，几经兴废。明万历三十二年（1604）敕建圆通宝殿并赐额。清康熙二十八年（1689）又敕建佛殿，三十八年（1699）重修大殿，赐寺额"普济群灵"，改名普济禅寺。现存大殿为清雍正九年（1731）奉敕重建，有殿阁堂庑200余间，规模宏大。寺院从山门始有六进院落，依次为御碑殿、天王殿、大圆通殿、法堂、方丈楼、功德殿。御碑殿内有明万历、清康熙时的御碑三块，正中一块刻着普陀山的发展简史。整个寺院建筑精美，技艺高超，布局合理。

法雨禅寺，又称后寺，位于岛中部光熙峰下，是普陀山第二大古刹。该寺为明万历八年（1580）由大智真融禅师创建，初名海潮庵。万历二十二年（1594）改名海潮寺，三十四年（1606）又名护国镇海禅寺。清康熙三十八（1699）年兴修大殿等，赐额"天花法雨"，因而改名为法雨禅寺。同治、光绪年间续有兴建，现存殿宇245间。寺随山势层层升高，共六进，依次为天王殿、玉佛殿、观音殿、御碑殿、大雄宝殿和方丈楼，其中以主殿观音殿最为辉煌壮观。观音殿，又称"九龙观音殿"或"圆通宝殿"，本为明代故宫九龙殿，清初从南京迁建于此，殿为重檐歇山黄琉璃顶，面阔七间，进深六间，外加廊檐；殿内毗卢观音像上方的藻井是按古朴典雅的九龙抱珠图案雕刻的，一龙盘顶，八龙飞舞，正中悬一盏琉璃灯，宛若一颗明珠，这种结构俗称"九龙盘拱"，是普陀一绝。此外，殿前石台四周的24块石围栏板上，还有明代浮雕的历史故事"二十四孝图"，是佛门圣地的艺术精品。

慧济禅寺，也称佛顶山寺，位于海拔288.2米的佛顶山上，深藏于浓荫翠木之中，环境幽静古雅，是普陀山海拔最高的寺院。明初僧慧圆结茅山顶，创立慧济庵。清乾隆五十八年（1793），命名慧济禅寺。全寺有四殿、七宫、

六楼,与普济、法雨并称为普陀三大寺。慧济禅寺的大雄宝殿供奉释迦牟尼佛及迦叶、阿难二尊者,是普陀山寺主殿唯一不供观音菩萨的寺院。

寺前不远处有块方形巨岩,上面刻有"海天佛国"四个大字;巨岩上又叠有一石,上面刻有"云扶石"三字。据传1962年郭沫若先生游普陀山,曾以"佛顶山顶佛"求对,后山民郭氏以"云扶石扶云"应对,一时传为佳话。寺西北有一株稀有的观赏树——鹅耳枥,是普陀三宝之一。慧济禅寺还是普陀山观赏云海的最佳地点,普陀十景之一的"华顶云涛"就是指的这里。

（一）文化元素分解

1. 物质要素
融于自然的寺庙环境

普陀山三大寺位于风景优美的普陀山景区，这里的环境或清幽静谧，或华丽壮阔，映衬着寺庙古朴的建筑，令人流连忘返。

普济禅寺前的莲花池三面环山，四周古樟参天，池水为山泉所积，清莹如玉。每当盛夏之际，池中荷叶田田，莲花亭亭，映衬着古树、梵宇、拱桥、宝塔倒影，构成一幅十分美妙的图画。夏日月夜到此，或风静天高，朗月映池，或清风徐徐，荷香袭人，更是一番良辰美景。法雨禅寺宏大高远，气象超凡，不远处的千步金沙空旷舒坦，海浪声日夜轰鸣，北宋王安石曾赞之"树色秋擎出，钟声浪答回"。而慧济禅寺深藏于林屏之内，沿着一条浓荫蔽日的莲花石板路，几经曲折才见慧济禅寺方在眼前，颇有"曲径通幽"的滋味。

2. 精神要素
蕴藏于景物之中的佛教哲理

在三大寺，处处可见蕴含佛教哲理的景和物。普济禅寺的天王殿进门迎面是一弥勒菩萨，光首、笑脸、袒胸、盘坐，一手拿一只布袋。据说他能将世人一切苦难装入布袋之中。佛像旁有一副对联——"慈颜含笑笑天下之可笑之人，大腹可容容世间难容之事"，以劝人们慈悲大度为怀，用乐观态度对待风雨变幻的生活。在"海印池"的平桥前有菩萨墙影壁，上书"观自在菩萨"五个大字，字高五尺，苍劲有力。相传观音菩萨悲智双运，从悲则称观世音，从智则称观自在。墙旁刻有《心经》，颂云："海上有山多圣贤，众宝所成极清净；勇猛丈夫观自在，为度众生住此山。"在这里，人们可以充分吸收佛教的哲理与智慧，洗涤心灵，修身养性。

3. 制度要素
(1) 自古相传的礼俗习惯

普陀山三大寺有一些形成已久的礼俗和习惯。例如普济禅寺关于出入寺庙的礼俗。在进入普济禅寺的路上，一般都要经过一个石牌坊，此坊四柱三门，高约20米，柱上横楣雕刻有精致的云绫和石葫芦。坊内北侧，竖一石碑，上面写着："文武官员军民人等到此下马。"相传这是皇帝立下的圣旨，过去官吏到此，文官下轿，武官下马，以示对观音菩萨的崇敬。进出普济禅寺，僧人游客均须经过东山门，而僧人圆寂后则由西山门出寺。普济禅寺的正山门平时关闭，每隔60年才开一次，这种惯例亦延续至今。此外，普济禅寺内有龙眼泉、菩提泉、菩提井，均为煮云雾佛茶的上品泉水。

过去,在附近设有茶室,用于招待香客。这也是普陀山十景之一"静室茶烟"的所在地。

(2) 卓越的雕刻和铸造技艺

普陀山三大寺留存有许多雕塑精品,具有极高的艺术价值。例如普济禅寺那刻有历史沿革的御碑殿,立于3.5吨重的赑屃上,赑屃昂首伸颈,服珠能转动,可见其雕刻之精。又或是法雨禅寺二十四孝浮雕,构图完整,线条流畅,是明代石刻浮雕中的精品。而法雨禅寺的九龙殿大殿内无一梁、一钉,堪称一绝,是国内寺院建筑中规格最大、建筑艺术水平最高的佛殿之一。殿中被称为普陀三宝之一的"九龙藻井",更体现出了精美绝伦的建造工艺和不可轻忽的铸造智慧。

"九龙藻井"按古朴典雅的九龙戏珠图案雕刻而成,一条龙盘顶,八条龙环八根垂柱昂首飞舞而下。藻井高3.50米,一层高0.70米,二层为七踩三翘斗拱及随瓣枋约0.95米,三层1.05米,四层0.80米。下檐斗拱为五踩双下昂重拱计心造,明间平身科八攒,左右次、稍间平身科各六攒,左右尽间各二攒。上檐斗拱为九踩单翘三下昂,明间平身科八攒,左右次、稍间平身科各六攒。明间中金柱、下金柱柱础雕刻十分精致,为双龙戏珠图案。圆通殿的彩画构图方式保留辽宋遗风,用色以青白黑三色为主,暗红底色,用迭晕法作画。枋心作为主要彩画部位,画法是以对称的几何构图格局,间绘龙形。枋心中分左右两段各做游龙一条,黑线勾边蓝白迭晕绘龙头龙身。形成如今独具特色的九龙图案,造型生动逼真,手法精美细腻,令人为之惊叹。

(3) 依山而建、精致恢宏的建筑布局

普济禅寺占地面积2.6万平方米,沿中轴线依次筑有正山门(御碑殿)、天王殿、圆通殿、藏经楼、方丈殿等,在规划布局和建筑设计上独具匠心,是中国寺院建筑的典型代表和浙江清代官式建筑的重要遗存,具有较高的历史文化和艺术价值。

法雨禅寺占地33000多平方米,共有殿宇楼阁厅堂计294间,建筑面积9300平方米。在建筑群的布局上,采用依山取势、分群抬升的格局,从天王殿、玉佛殿、九龙观音殿、御碑殿、大雄宝殿,直到方丈殿,逐殿升高,寺容宏大,气象超凡。

慧济禅寺地处山巅，却殿宇精致，颇具江南园林的建筑风格。与普陀山其他寺院不同，慧济禅寺主殿为大雄宝殿，供佛祖释迦牟尼。大雄宝殿屋顶用天蓝、淡绿、鹅黄、紫红等色琉璃瓦盖成，阳光下映出万道彩虹，形成佛光普照的绚丽影像。

4. 语言和象征符号

(1) 蕴含多种思想的传说和故事

普陀山三大寺不仅有各具特色的景物，还有蕴含多种思想的传说和故事。法雨禅寺地处锦屏山下，背山岗起势，气势恢宏。法雨禅寺九龙殿前的月台，有二十四块青石栏板，是明代刻的二十四孝故事浮雕。元代郭居敬编的二十四孝故事（二十四孝子为虞舜、汉文帝、曾参、闵损、仲由、董永、郯子、江革、陆绩、唐夫人、吴猛、王祥、郭巨、杨香、朱寿昌、庚黔娄、老莱子、蔡顺、黄香、姜诗、王裒、丁兰、孟宗和黄庭坚）在中国民间广为人知，是中华民族敬老养亲的传统美德的生动写照。二十四孝浮雕将以孝言慈的儒家孝道文化同佛教慈悲为怀的思想充分地融合起来。

(2) 佛教隐喻和象征

"海印池"的月夜景色被称为普陀山十二景之一的"莲池夜月"。莲花之于佛家是圣洁、清净的象征。佛家称极乐世界为"莲邦"，以为彼土众生以莲花为居所，认为众生皆有"佛性"，只是由于被生死烦恼所困扰，没有显发出自己的佛性，因而陷在生死烦恼的污泥之中。莲花则"出淤泥而不染，濯清涟而不妖"，故佛教以莲花来比喻"佛性"。观世音菩萨就是普度众生往生莲邦的"莲花部主"。

（二）文化元素核心基因提取

基于对材料的全面、深入分析，得出本文化元素的核心基因表述为："依山而建、精致恢宏的建筑布局""蕴藏于景物之中的佛教哲理""卓越的雕刻和铸造技艺"。

（三）文化元素核心基因评价

评价项目	评价因子	评价依据（特点）	是否
生命力评价	文化基因存续的时间	自出现起延续至今，未曾明显中断	√
		自出现起延续至今，但多次衰微、中断后复兴	
		曾明显衰败，改革开放后开始复活复兴或历史溯源关键环节缺失，难以考证	
		文化形态主体已灭失，现存部分痕迹	
	文化基因的稳定性	在发展过程中保持相当稳定的状态	√
		在发展过程中存在明显的精神内涵、表现形式剧变	
凝聚力评价	文化基因的凝聚力及社会动员效果	曾广泛凝聚起区域群体的力量，显著推动过社会经济文化的发展	√
		曾部分凝聚起区域群体力量，对社会经济文化的发展产生过影响	
		凝聚过力量，创造过实际的发展动能，但未见对社会经济文化发展产生显著改变	
		仅在历史文献或口耳相传中存在，未见实际介入社会经济发展	

续表

评价项目	评价因子	评价依据（特点）	是否
影响力评价	辐射的范围	具有全国性、世界性的影响力	√
		具有长三角区域、浙江省影响力	
		具有市县、乡镇影响力	
	提炼的高度	已经被古代文人士大夫和当代学者提炼为精神符号和理念理论	√
		单纯的样式、造型、工艺技术规范	
发展力评价	与当代精神追求和价值观念的契合	传统文化基因得到创造性转化、创新性发展；区域革命文化基因被完整继承、广泛弘扬；区域社会主义先进文化基因成为与浙江"三个地"相适应的文化高地	√
		部分转化、部分弘扬、部分发展	
		难以转化、难以弘扬、难以发展	

说明：基因特点评价是对解码出来的基因，根据《导则》表2的要求，围绕"四个力"逐一对表打"√"，进行定性表述。

1. 生命力评价

普陀山三大寺"依山而建、精致恢宏的建筑布局""蕴藏于景物之中的佛教哲理""卓越的雕刻和铸造技艺"核心基因自出现起延续至今，虽有多次衰微、中断，但最后在各方努力下重获新生，具有顽强的生命力。

法雨禅寺曾多次发生过火灾和海寇，造成无可估计的损失。1983年，普陀山佛教协会对三大寺进行了大规模的修复，重建拜经楼，大修九龙殿。1987年，在天王殿外新建九龙壁和石经幢2座,1995年,在莲池畔建石碑坊1座,殿堂楼阁,气势非凡。2006年,法雨禅寺作为清代古建筑被国务院批准列入全国重点文物保护单位名单,2013年,普济禅寺也被列入全国重点文物保护单位名单。后经几代住持的努力,普陀山三大寺闻名海外,四季游客络绎不绝。

2. 凝聚力评价

三大寺和它所承载的佛教文化和佛学哲理,洗涤人们的心灵,净化人们的思想,吸引了世界各地的佛教信众,从而推动区域经济社会和文化的发展。由此可见,普陀山三大寺"依山而建、精致恢宏的建筑布局""蕴藏于景物之中的佛教哲理""卓越的雕刻和铸造技艺"的文化基因具有强大的凝聚力,曾广泛凝聚起区域群体的力量,推动过社会经济文化的发展。

3. 影响力评价

普济禅寺中的御碑殿面阔五间,重檐歇山顶,殿内正上方持有"普济禅寺"匾额,系已故中国佛教协会会长赵朴初1987年莅山时所题。殿门两边悬挂"五朝恩赐无双地,四海尊崇第一山"的对联。此联指的是普陀山自开山以来,在海内外影响力之大,其中"五朝恩赐"指的是唐、宋、元、明、清五朝统治阶层的重视程度,"四海尊崇"是指普陀山在世界各国尤其是东南亚一带的社会各阶层人们心中所占的地位。普陀山三大寺所具有的全国性、世界性的影响力可见一斑。

4. 发展力评价

进入21世纪后,在政府和社会各界的支持下,各类文物保护工程相继实施,使得一些保存现状较差、但又具有重要价值的文物重焕新生。在未来,舟山市文保所也将继续加强对普陀山三大寺各类文物保护工程的技术指导。普陀山三大寺"依山而建,精致恢宏的建筑布局""蕴藏于景物之中的佛教哲理""卓越的雕刻和铸造技艺"的基因得到了创造性转化和创新性发展,并拥有着强大的发展力和潜力。

（四）文化元素核心基因保存

图文资料

《普济禅寺"海印池"》《慧济禅寺佛顶山》《法雨禅寺》等33项图片资料，《"海天佛国"的魅力》《普济禅寺》《普陀胜境》等6项文字资料保存于浙江文化基因解码调查组资料库。另外，出版物有《普陀山志》《普陀洛伽山志》等。

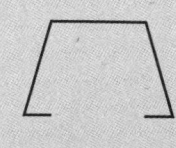

南海观音文化节和观音香会

海天普陀 普陀文化基因

南海观音文化节和观音香会

普陀山，自古被誉为"海天佛国""琉璃世界"，在中国四大佛教名山中因南海观音道场而蜚声海内外。南海观音文化节和观音香会就是有着"海天佛国"之称的普陀山所特有的民风民俗，是中国东部沿海地区具有广泛群众基础和深远影响力的观音文化活动。

观音的最初译名是"观世音"，是遇到苦难"即时观其音声，皆得解脱"的意思。唐代因为要避唐太宗李世民的名讳，故去掉"世"字，略称为"观音"。观音是汉传佛教中十分崇奉的菩萨，我国佛教寺院大多供有观音像。如天台宗、密宗分别传有"六观音"，禅宗亦塑有各种观音像，净土宗更是把观音作为"西方三圣"之一来供奉。从隋唐以来，民间形成了广泛的观音信仰，并逐渐形成了各种民俗文化活动。

南海观音文化节是普陀山最盛大的旅游节庆，始创于2003年，每年举办一届；它是经国家宗教事务局批准，在国家旅游局（今文化和旅游部）、中国佛教协会、浙江省民族宗教事务委员会及舟山市人民政府的直接指导下，由普陀山管委会和普陀山佛教协会主办、相关单位和企业协办的，以海天佛国深厚的观音文化底蕴为依托，以弘扬观音文化、提升名山文化品位为目标的佛教旅游盛会。节庆紧紧围绕观音文化这一主题展开，通过弘法讲经、祈福朝拜、放生法会、佛教音乐会、传灯法会、莲花灯会、佛教论坛、佛教摄影大赛、佛教用品展等一系列内涵丰富、形式多样的活动，融文化、经济、旅游为一体，吸引了来自全国各地及海外的观音弟子、佛教信徒、香客游客聚缘海天佛国，共享文化盛宴。

观音香会节，又称普陀山三大香会期，起源于观音诞生、成道和出家的日子。观音菩萨是中国民间普遍信仰的对象，受到善男信女的虔诚礼拜。据说农历二月十九是观音生日，六月十九是观音成道日，九月十九是观音出家日（或涅槃日），这三天已是中国佛教的传统节日。每逢香会期普陀最为盛况，海内外佛门弟子不论远近，纷纷从四面八方云集普陀山敬香朝拜和参加法会。广大僧众、信众沿香云古道，按次序朝拜佛顶山。场面恢宏壮观，气氛浓郁，堪称海天佛国一大盛事。

一、文化元素分解

1. 物质要素

造型精美、内涵丰富的佛教器物

作为佛教文化盛宴，南海观音文化节包含了祈福朝拜、放生法会、佛教音乐会、传灯法会、莲花灯会、佛教论坛、佛教摄影大赛、佛教用品展等一系列丰富多彩的活动。其中历届佛教用品博览会都以展出造型精美、内涵丰富的佛像、佛具、佛教字画、佛教书籍、佛教音像制品、佛教工艺品等为主要内容，全面展示了中国佛教用品及佛教文化产业，搭建起走向世界的宽广的互动舞台。

2.精神要素

(1)自在慈悲、和合众生的利乐情怀

特定的文化形式和现象，总是以一种特定的载体予以体现。南海观音文化节和观音香会，正是传承观音信仰和传播观音文化的独特民间载体。活动秉承"自在人生、慈悲情怀"的主题。自在人生即为智慧圆满，人生自在。这便是大力倡导世人注重自我修炼，自觉追求精神生活更充实，物质生活更富裕，道德生活更圆满，情感生活更纯洁，人际关系更和谐，社会生活更祥和。慈悲情怀即为无缘大慈，同体大悲。这便是努力激发世人本善人性，仁慈隐恻，自愿济世，利乐有情，用慈悲心、平常心、欢喜心善待自然，善待众生，自觉觉他，自利利人，共享美好人生。

观音文化节和观音香会展示、弘扬了佛教文化的主题，坚持创意领先，在展示普陀山名山胜境、历史文化的同时，进一步弘扬观音文化自在慈悲、和合众生的利乐情怀，着力打造普陀山的观音文化品牌，倡导和谐共生的社会精神。

(2)社会和谐、人际和睦的美好祝愿

在观音香会期间，世界各地的善男信女梯山航海，纷至沓来，赶往普陀山参加观音朝圣盛会，每年在这三个月的农历十八和十九日两天，达到高潮。从十八日傍晚起，数万名香客，怀着虔诚和美好的心愿，拜上佛顶山，场面十分壮观。随后，僧众和香客都要参加普陀山三大寺举行的隆重祝诞普佛和观音法会活动。三日内，全岛烛火辉煌、香烟缭绕，诵经礼拜声通宵达旦，其盛况令人叹为观止。

3.制度要素

(1)"点亮心灯"传灯祈愿法会

传灯祈愿法会是南海观音文化节的一项重要活动。传灯有薪火相传，光明不断的含义。"莹莹一点照迷津，光夺须弥日月轮"，"佛灯朗耀映娑婆，梵音谆谆醒迷津"。以灯教意、以灯传缘，破除烦恼之暗，成就福慧之德。千年古刹普济禅寺圆通殿前信众济济，恭敬站立，按序接灯传灯，海天佛国

烛光闪烁，沉浸在金色琉璃中。传灯活动开始，普济禅寺及山门外"海印池"周围，千灯万灯共放光明，七宝阶前光影璀璨，"海印池"边灯光五光十色，恍若琉璃。2000余名善信手捧象征光明和智慧的莲花宝灯传灯，默默许愿，缓缓绕行，由大圆通殿从东西两侧一直蔓延到普济禅寺外，绕着"海印池"，分别经过永寿桥和瑶池桥，然后从御碑亭折回并经八角水亭回到普济禅寺的大圆通殿，形成了一道转动的、明亮的、壮观的心灯心海。

(2) 宏伟盛大的佛顶法会

十八日三大寺例行庄重的观音法会，通常有上千僧众和信徒参加。晚上数千人在圆通殿内外坐香，齐诵南无大悲观世音名号。翌晨，从普济禅寺的中门到佛顶山，香客如涌；从法雨禅寺的九龙殿到千级石阶的香云山径，信徒顶礼膜拜。十九日中午，各寺庵上大供，由住持带班顶礼祝福，设斋供众，晚上举行随课普佛。同时，普门、地藏、普贤、文殊诸殿诵拜各类经忏。全山彻夜灯烛辉煌，讲经诵佛之声通宵达旦，呈现出佛国盛会庄严虔诚的节庆氛围。

4. 语言和象征符号

广为流传的观音传说

关于普陀山观音文化节和观音香会的演化与成因，从某种意义上说，它是观音道场形成过程中自然、地理、社会、文化、民俗等多重因素综合作用下的复合产物，其中关于它们的传说故事，一直被广为传颂和信奉。

据传，唐元和年间（806—820），观音化身庞蕴之女灵照，制作鱼篮供父修禅，后于农历二月十九日代父涅槃。农历二月十九即被传为观音生日。据《印光法师文钞·南五台山圆光寺观音菩萨示迹之记》载元代僧人普明所撰碑

文,隋仁寿年间（601—604），五台山曾有毒龙残害生灵，观音大士化作比丘，"以妙智力，伏彼妖通；以清净风，除其热恼"，后朝廷建寺请为住持，翌年六月十九恬然寂灭，于空中示现瑞相。农历六月十九日即被传为观音成道日。据舟山民间传说，观音菩萨成道之前，是妙庄王的女儿，从小爱吃素修行，长大后发誓要进庵堂修行，妙庄王无奈，后准许妙善公主于九月十九到白雀寺出家。农历九月十九即被传为观音出家日（或涅槃日）。

（二）文化元素核心基因提取

基于对材料的全面、深入分析，得出本文化元素的核心基因表述为："自在慈悲、和合众生的利乐情怀""'点亮心灯'传灯祈愿法会""宏伟盛大的佛顶法会"。

（三）文化元素核心基因评价

评价项目	评价因子	评价依据（特点）	是否
生命力评价	文化基因存续的时间	自出现起延续至今，未曾明显中断	√
		自出现起延续至今，但多次衰微、中断后复兴	
		曾明显衰败，改革开放后开始复活复兴或历史溯源关键环节缺失，难以考证	
		文化形态主体已灭失，现存部分痕迹	
	文化基因的稳定性	在发展过程中保持相当稳定的状态	√
		在发展过程中存在明显的精神内涵、表现形式剧变	
凝聚力评价	文化基因的凝聚力及社会动员效果	曾广泛凝聚起区域群体的力量，显著推动过社会经济文化的发展	√
		曾部分凝聚起区域群体力量，对社会经济文化的发展产生过影响	
		凝聚过力量，创造过实际的发展动能，但未对社会经济文化发展产生显著改变	
		仅在历史文献或口耳相传中存在，未见实际介入社会经济发展	

续表

评价项目	评价因子	评价依据（特点）	是否
影响力评价	辐射的范围	具有全国性、世界性的影响力	√
		具有长三角区域、浙江省影响力	
		具有市县、乡镇影响力	
	提炼的高度	已经被古代文人士大夫和当代学者提炼为精神符号和理念理论	√
		单纯的样式、造型、工艺技术规范	
发展力评价	与当代精神追求和价值观念的契合	传统文化基因得到创造性转化、创新性发展；区域革命文化基因被完整继承、广泛弘扬；区域社会主义先进文化基因成为与浙江"三个地"相适应的文化高地	√
		部分转化、部分弘扬、部分发展	
		难以转化、难以弘扬、难以发展	

说明：基因特点评价是对解码出来的基因，根据《导则》表2的要求，围绕"四个力"逐一对表打"√"，进行定性表述。

1. 生命力评价

观音香会在《观音道场千年福地》一书中记载，从隋唐、五代开始，"观音三会"节日庆典气氛日益浓重，观音菩萨由宫廷走向民间，两宋时期"观音三会"日趋完备。特别是明、清、民国时期的不少地方官吏与有识之士，积极参与该项活动，有意识地引导、策划、规范、扩大活动的内容与规模，以促进社会经济文化的发展。可以说，观音香会节，对普陀山的手工业、商贸、交通、餐饮、旅游、文化等地方经济起到了推动作用，同时也促进了民间技艺的传承与发展。经过多年积淀，逐渐形成了普陀山特有的观音民俗文化活动。可见观音香会的核心基因自出现起延续至今，未曾明显中断，并且在发展过程中保持相当稳定的状态。

南海观音文化节开创于2003年，这是普陀山一年一度的佛教文化盛会。文化节为每年的农历九月二十九举行，会期五天左右，通过传灯、拜山、讲经、论坛、展览等一系列佛事文化活动，让大众感受"净化人心、普济大众、庄严国土、利乐有情"的佛教文化特质。观音文化节是我国四大佛教名山中首个弘扬佛教文化的旅游节庆活动，也是首个以观音文化为主题的节庆活动。南海观音文化节自2003年以来，借助佛教盛会的精神深入挖掘观音文化人文内涵，激发大众对于宗教文化和现世追求的思考，使大众了解观音信仰和观音文化的深厚历史，领略观音文化和艺术的力量与魅力。南海观音文化节在发展过程中保持着稳定的状态，并充分发挥着观音文化精神的积极作用，成为普陀山乃至整个舟山对外交流、友好往来的重要纽带和平台。

2. 凝聚力评价

南海观音文化节和观音香会作为盛大的佛教盛会，它们所具有的精神感召力引领人们深入挖掘观音文化人文内涵，激发大众对于宗教文化和现世追求的思考。"自在慈悲、和合众生的利乐情怀""'点亮心灯'传灯祈愿法会""宏伟盛大的佛顶法会"的核心基因也曾广泛凝聚起区域群体的力量，显著推动过社会经济文化的发展，从而带动了周边景区、景点的发展潜力，提升了舟山作为海洋生态休闲岛域的人文价值定位。

3. 影响力评价

普陀山有深厚的佛教文化，特别是观音的信仰，号称大半个亚洲的信仰。南海观音文化节和观音香会规模之大，折射出民间信仰的深刻影响力，并成为观音慈悲精神通往人心的最佳桥梁，而观音信仰随着佛教的中国化逐渐演变出一种独特的东方气质。

点亮心灯传灯祈愿法会、佛顶顶佛朝拜活动等如今已经成为享誉海内外的经典文化活动。南海观音文化节和观音香会作为载体，向世界展现了普陀山的名山胜境、禅意境界、历史文化和佛国风情，并逐步彰显普陀山在舟山群岛新区建设中的核心地位，辐射周边地区，营造旅游集聚效应。

4. 发展力评价

为了进一步挖掘和整理观音文化的积极内涵，普陀山风景名胜区管理委员会成立了普陀山文化研究会、普陀山朱家尖非物质文化遗产保护领导小组和普陀山文化传承生态保护区创建工作领导小组，并安排专项保护基金，制订了普陀山文化传承保护区创建方案，对观音文化进行了有效的普查和保护工作。期望在未来，让这些传统文化基因得到创造性转化和创新性发展。在我们构建和谐世界的今天，应充分发挥观音文化及观音信仰这一文化瑰宝的特殊作用，造福众生。因为，观音文化属于普陀山，也属于中华民族，更属于整个世界的人类文明。

（四）文化元素核心基因保存

图文资料

《观音香会》等33项文字资料，《普济禅寺殿》《南海观音开光20周年庆典开光仪式》《佛顶朝拜》等71项图片资料保存于浙江文化基因解码调查组资料库。另外，出版物有《普陀洛伽山志》《普陀山佛教文化》等。

普陀山三宝

海天普陀 普陀文化基因

普陀山三宝

普陀山三宝指的是普陀山人人皆知的三大著名文物：普陀山唯一保持原貌的最古老的建筑物、元代石塔——多宝塔，杨枝庵中以初唐著名大画家阎立本所绘观音画像为母本、明万历年间刻成的石碑——杨枝观音碑，法雨禅寺中从南京明故宫拆移而来的宫殿建筑——九龙藻井。

多宝塔现为普陀山最古老的建筑之一，也是目前浙江省境内唯一发现并留存的元代石塔。它位于普济禅寺莲花池东侧，俗称"太子塔"，取《法华经》中多宝佛塔之义定名。元元统二年（1334），普济禅寺住持孚中禅师云游募化，得宣让王（帖木儿不花）资助,施钞千锭,建此塔。塔呈方形,双层塔座,三层塔身,共五层,高约18米,全用太湖石筑砌,有台无檐。1919年,印光法师与住持了余、了清等请无为居士陈性良募捐补修,形成了现在的造型。

塔之南面石额"多宝塔",1920年庄蕴宽书;西面石额"永劫常住",1919年王人文题。底台左角镌"监造绘图工程师朱贺庭、安徽无为陈性良重修、天津启新公司洋灰造成"。明万历二十年(1592)周祖德等捐资重修,1919年印光法师募捐于旅津荷兰治港公司总理陈性良大修,并重建塔院。"宝塔闻钟"为普陀十二景之一。"文化大革命"中,塔上浮雕佛像被铲毁,观音三十二应身及四大天王立像被砸。1979年,被列为省级文物保护单位。2006年5月25日,被列为全国重点文物保护单位。2007年,"太子塔"按原貌修复。

杨枝观音碑藏于清凉冈下紧邻法雨禅寺的杨枝庵内。碑正面刻有《杨枝庵记》,背面刻有杨枝观音像,整个画像线条流畅自然,造型优美动人,系唐朝宫廷画家阎立本所绘。阎立本为唐初著名画家,传世作品极少,至于佛像仅此一帖,可谓稀世珍宝。明万历十五年(1587),抗倭名将侯继高督师海疆,顺游普陀,将历年所得阎立本和吴道子所绘观音像勒石,植碑于宝陀寺(今普济禅寺)前殿。明万历二十六年(1598),殿宇毁于兵灾,碑亦遭劫。至明万历三十六年(1608),宁绍参将刘炳文觅得阎立本观音碑拓本,请名匠重新勒刻杨枝观音碑,并建庵供奉,遂以"杨枝庵"命名。"文革"初,有人用石灰封之,碑得免劫难,1979年被列为省级文物保护单位。400多年来,殿宇几经废兴,但因为受到珍视,此碑得以幸存,是普陀山一件艺术瑰宝。

九龙藻井现存于普陀山法雨禅寺大圆通殿,即九龙殿顶部,系清康熙三十八年(1699)御批拆明朝金陵(今南京)故宫迁建于此。因有内槽九龙藻井而得名。藻井在古建筑中起到装

饰作用，有着重要的功能。一般来看，大的佛殿中主体佛像部位都要做藻井，这样显得佛像更加庄严。古人对藻井制作大为讲究，一般都用木材，采取木结构的方式做出方形、圆形、八角形等，以不同层次向上凸出，每一层的边沿处都做出斗拱。普陀山九龙藻井的斗拱做成木构建筑的真实式样，做得极其精细，斗拱承托梁枋，再支撑拱顶，最中心部位的垂莲柱为二龙戏珠，图案极为丰富。九条木雕金龙栩栩如生，气势不凡，一龙盘顶，精工巧作八龙环八根重柱昂首舞爪而下，不仅令人叹为观止，而且艺术价值极高，为国家级文物。

从西晋泰康年间开始，有人登普陀山寻访大士踪迹，到唐代成为观音道场，普陀山伴着国运兴衰，教因山兴，山以教显，终成佛教圣地、一代名山。一千多年来，不同身份、不同地位的人们，带着不同的愿景，创造出价值殊异的各类器物。这些文物和普陀山的命运连在一起，几起几落，积累至今，已成为一笔可观的文化遗产。

（一）文化元素分解

1. 物质要素

（1）现存最大的元代宝箧印式塔

宝箧印式塔，也叫阿育王塔，是一类实心塔。塔造型平面四方，由塔基、塔身、塔檐与塔刹四部分组成，其中塔檐多在塔身上四角向上翻挑，形象地被称为"山花蕉叶"。这种形制是由古印度的"桑奇窣堵波"发展而来，由印度人传入尼泊尔再传入中国。在中国，宝箧印式塔在三国时代就开始建造，北魏云冈石窟、隋唐时南响堂山石窟、敦煌壁画中，都有这种造型。五代时期，因吴越国王钱弘俶仿阿育王造塔八万四千，使宝箧印式塔有了广泛的发展，也保存下大量遗迹。

普陀山多宝塔建于元代，是普陀山上保存至今最古的建筑，也是现存的元代最大的宝箧印式塔。塔每层挑台石栏柱端刻护天神狮和莲蕊；上三层四面均凿龛，各镂古佛一尊，周檐镌蒙文；第三层四周塑观音三十二应身小像。底台较宽广，边角上雕塑四天王立像，沿栏饰"二十四圆通"浮雕，栏下塑螭首二十只，张口作吐水状，融元代建筑及普陀山观音道场特色为一体。顶层四角饰有"山花蕉叶"，以仰莲状为塔刹。"阿育王塔"为富有元代建筑特色的三层宝箧印式塔，"宝塔闻钟"亦为普陀十二景之一。

（2）仅存于世的阎立本杨枝观音画像

阎立本的人物画形象逼真传神，时人誉之为"丹青神话"。阎立本的传世之作很少，至于佛家，只有杨枝观音一幅，而这幅画的原画已经遗失，仅存此碑刻，可见这幅杨枝观音像之珍贵。这是目前人们所能看到的最早以单幅绘画形式呈现的观音造像的拓本。从1938年出版的《历朝名画观音宝相》画册中可得印证。从普陀山"杨枝观音"这幅拓片中所表现出的至善至美形象，在阎立本之前以女性显现的观世音菩萨早已在民间广泛流传并深入人心。

（3）建筑规格最高的佛殿

藻井是殿宇顶部的装饰，呈向上隆起的井状，藻井在古建筑中起到装饰作用，有着重要的功能。它既是地位的象征，又是文化的记录，更承载了中国人的思维方式和建筑观。九龙藻井按古朴典雅的九龙戏珠图案雕刻而成，九条木雕金龙栩栩如生，气势不凡，一条龙盘顶，四周八条龙环八根垂柱昂首飞舞而下。八根金柱的柱基是精致的雕龙砖，藻井正中悬吊一盏琉璃灯，宛若一颗明珠，组成"九龙戏珠"的立体图案，造型优美，刀法粗犷，古朴典雅，令人叹为观止。九龙藻井甚为珍贵，精工巧作、艺术价值极高。

普陀山除了法雨禅寺九龙殿筑有九龙藻井外，普济禅寺、慧济禅寺等大的寺庵主殿顶部都筑有藻井，但规格没有法雨禅寺九龙殿高。九龙藻井原是放在朱元璋南京皇宫金銮宝殿之中的，明太祖朱元璋曾经在此登过位，故有九条金龙之说。清康熙三十八年（1699），经康熙皇帝批准，拆迁南京明故宫琉璃瓦、九龙藻井等物发往法雨禅寺建成九龙殿（又称圆通殿），是目前国内寺院建筑规格比较高的一座佛殿。

2. 精神要素
消灾除病的朴素愿望

杨枝观音碑高2.34米、宽1.2米，上刻唐代仕女形象的观世音菩萨，珠冠锦袍、宝相庄严，右手执杨枝、左手托茶瓯，袒胸跣足，端庄慈祥。碑上刻有"普陀佛像，摹自阎公。一时妙墨，百代钦崇"等字句。杨枝观音是观音的三十二应身之一，又称"药王观音"。菩萨手中的净水瓶和杨柳枝，原本是普洒法雨、弘扬佛法的意思，后来演变为多种含义。古代印度认为杨枝可以消灾除病，身患种种疾病者，应手执杨柳枝诵念真言，寓意剔除污秽、祝贺健康、革新自我，由此而发展成观音手中法器。杨柳枝具有旺盛的生命力，这是以杨柳喻佛法的兴旺发展。净瓶中的甘露随杨柳枝洒遍大千世界，暗喻着慈悲的观音用净水来普度众生脱离苦海，到达彼岸的极乐世界。按《地藏菩萨本愿经》经义说，观世音菩萨与此土众生最有因缘，民间遂有"家家阿弥陀，户户观世音"之谚。

3. 制度要素

（1）细腻自然的绘画和雕刻技法

杨枝观音碑上的画像人物栩栩如生，技法非凡。头顶珠冠，发髻高挽；身披锦袍，衣袂飘飘。眉似弯月，目若瑞凤。眉间白毫，嘴角微扬。霞裙琼佩，珍珠璎珞。耳戴圆环，腕饰金钏，胸前作结，腰中束带。左手茶瓯，右手杨枝。双足跣露，脚踏仰莲。远望平和慈祥，清丽脱俗。近观眉目清秀，仪态端庄。造型似飘逸宫人，雍容大气。线条如行云流水，顺畅自然。

宝冠、璎珞、环钏，是古代这一类造像的典型特征，源远流长。菩萨左手托茶瓯，右手执杨枝，以杨枝蘸取甘露，洒向人间渡济众生。人物构图精妙，美轮美奂。更为神奇的是观赏者面对画像，无论站在哪个角度欣

赏，所看到观音的足尖都是正对观众的，不同角度，呈现不同形态。

杨枝观音碑为明代守御舟山的刘炳文所立。1608年，他访得阎立本画拓本，即请杭州名匠孙良镌刻。孙良采用阳雕阴刻手法，深浅相间，刚柔相济、刀法细腻，将原画的观音姿态神情，刻画得惟妙惟肖，堪称石刻艺术的上乘之作。

（2）文化融合的佛塔造型结构

多宝塔的建造年代为元朝中后期，元朝自建立始便十分崇尚藏传佛教，随着藏传佛教在汉地的传播，带有梵式特点的藏传佛教建筑形式也流行开来。从塔身残存的佛像来看，上有头冠、飘带等装饰，以及疑似法器等物件，塔身外檐四周刻有"六字大明咒"的藏文。这些元素都体现了梵式造像的特点，与汉地传统佛教造像有着明显的区别。

多宝塔虽然是一座藏传佛塔，但与典型的藏传梵式佛塔有很大的差别。从塔身来看，藏地佛塔多为瓶式塔。瓶式塔由方形塔基、圆形塔身和塔刹三部分构成。而多宝塔的塔身为方形，异于典型藏塔的圆瓶形，很可能是把汉地传统亭台楼阁的建筑形式融入其中；从造像来看，虽然多宝塔的佛像多有头冠、飘带、法器等种种装饰，但丰肩、细腰、肥臀的梵式特征已不明显，面容仁厚慈祥、丰润婉丽，更符合汉地传统的审美意识。

元朝幅员辽阔，多种文化的并存与互相交流实为常态，特别是到了元朝中后期，藏文化、西夏文化、蒙文化和汉文化在互相交流中出现了融合的趋势。多宝塔正是这一多元文化趋于融合的具体体现，在建筑形式、造像风格，乃至艺术表现手法等方面都更贴近汉地传统的宗教意识和审美理念。因此，多宝塔正是元代中晚期多元文化艺术相互激荡，并趋于融合的产物。

4. 语言和象征符号
关于多宝塔由来的神话传说

普陀山三宝有许多神话传说。其中流传甚广的是关于多宝塔的一则传说。据传，元代时普济禅寺与对面的梵山之间，是一大片沙滩，潮水一涨，滔滔白浪便会涌到普济禅寺的山门跟前。到了大潮汛时，更是风狂浪高，飞沙走砾，这给清静的普陀山带来了不少灾难。一年中秋节期间，元朝皇太子宣让王到普陀山游山玩水,当他兴致勃勃地坐在普济禅寺山门前听潮赏月时,一阵狂风把他吹倒在地,太子忙问住持孚中禅师是何物作怪。孚中禅师道:"山门前的沙滩下蛰伏着一条怪龙,每逢中秋节时它便舒展龙身,引起风浪,给人们带来祸害。想要镇住孽龙须建一座宝塔。"之后,太子便奏明皇帝,传旨造塔,于怪龙的咽喉七寸之处修建起一座四角玲珑的佛塔,这就是现在的多宝塔。自此,恶浪难越百步沙,狂风远避普济禅寺。普陀山成了天下第一的人间净土。

（二）文化元素核心基因提取

基于对材料的全面、深入分析，得出本文化元素的核心基因表述为："现存最大的元代宝箧印式塔""仅存于世的阎立本杨枝观音画像""建筑规格最高的佛殿"。

（三）文化元素核心基因评价

评价项目	评价因子	评价依据（特点）	是否
生命力评价	文化基因存续的时间	自出现起延续至今，未曾明显中断	√
		自出现起延续至今，但多次衰微、中断后复兴	
		曾明显衰败，改革开放后开始复活复兴或历史溯源关键环节缺失，难以考证	
		文化形态主体已灭失，现存部分痕迹	
	文化基因的稳定性	在发展过程中保持相当稳定的状态	√
		在发展过程中存在明显的精神内涵、表现形式剧变	
凝聚力评价	文化基因的凝聚力及社会动员效果	曾广泛凝聚起区域群体的力量，显著推动过社会经济文化的发展	√
		曾部分凝聚起区域群体力量，对社会经济文化的发展产生过影响	
		凝聚过力量，创造过实际的发展动能，但未对社会经济文化发展产生显著改变	
		仅在历史文献或口耳相传中存在，未见实际介入社会经济发展	

续表

评价项目	评价因子	评价依据（特点）	是否
影响力评价	辐射的范围	具有全国性、世界性的影响力	√
		具有长三角区域、浙江省影响力	
		具有市县、乡镇影响力	
	提炼的高度	已经被古代文人士大夫和当代学者提炼为精神符号和理念理论	√
		单纯的样式、造型、工艺技术规范	
发展力评价	与当代精神追求和价值观念的契合	传统文化基因得到创造性转化、创新性发展；区域革命文化基因被完整继承、广泛弘扬；区域社会主义先进文化基因成为与浙江"三个地"相适应的文化高地	√
		部分转化、部分弘扬、部分发展	
		难以转化、难以弘扬、难以发展	

说明：基因特点评价是对解码出来的基因，根据《导则》表2的要求，围绕"四个力"逐一对表打"√"，进行定性表述。

1. 生命力评价

数百年来，多宝塔、杨枝禅院和九龙殿历经多代、几经兴废，历无数劫难保存至今，实属不易。"现存最大的元代宝箧印式塔""仅存于世的阎立本杨枝观音画像""建筑规格最高的佛殿"作为普陀山三宝的核心部分自出现起延续至今，虽有多次衰微，但中断后亦复兴，如今依然保留完好。它们蕴含着丰富的历史、艺术、文化价值，是当之无愧的普陀山镇山之宝。

2. 凝聚力评价

多宝塔作为一座元代藏传佛塔，有别于传统汉地佛塔，但也非传统藏传佛塔，融入了元代汉、蒙、藏文化多种因子，而杨枝观音碑和九龙藻井精工巧作、栩栩如生，不仅令人叹为观止，而且艺术价值极高，为国家级文物。它们的核心基因"现存最大的元代宝箧印式塔""仅存于世的阎立本杨枝观音画像""建筑规格最高的佛殿"具有深远的影响力和凝聚力，曾广泛凝聚起区域群体的力量，显著推动过社会经济文化的发展。

3. 影响力评价

普陀山是我国四大佛教名山之一，是全国著名的观音道场。当地有句俗语："家家阿弥陀，户户观世音。"观音信仰已被学者称为"半个亚洲的信仰"。"现存最大的元代宝箧印式塔""仅存于世的阎立本杨枝观音画像""建筑规格最高的佛殿"作为普陀山三宝的核心基因，吸纳普陀山川之灵气，成为普陀山的代表性建筑，具有全国性、世界性的影响力。

4. 发展力评价

1979年，多宝塔和杨枝观音碑被列为省级文物保护单位。2006年5月25日，多宝塔和九龙藻井所在的法雨禅寺被公布为全国重点文物保护单位。"现存最大的元代宝箧印式塔""仅存于世的阎立本杨枝观音画像""建筑规格最高的佛殿"作为普陀山三宝的核心基因,在各种保护和发展的措施下得到了创造性的转化和创新性的发展。

（四）文化元素核心基因保存

图文资料

《海天佛国普陀山》《普陀山多宝塔考析》《浅谈普陀山多宝塔石刻的艺术特征》等9项文字资料，《多宝塔》《杨枝观音碑》等30项图片资料保存于浙江文化基因解码调查组资料库。另外，出版物有《普陀山志》《普陀洛伽山志》《普陀山大辞典》等。

普陀山摩崖石刻

海天普陀 普陀文化基因

普陀山摩崖石刻

位于杭州湾南缘，舟山群岛东部莲花洋中的普陀山，以"海天佛国"名扬中外。普陀山风光秀丽，洞幽岩奇，洪波浩渺，云烟缭绕，寺院林立，梵刹壮观，名胜古迹比比皆是。历代帝王将相、名公巨卿、文人墨客、善男信女纷纷礼拜观音，游山览胜。他们在这里兴修寺院，泼墨题书，勒石刻碑，为普陀山造就了众多的人文景观。如陆游、赵孟頫、董其昌、康有为、丰子恺、吴昌硕等先后登山游历，留下了大量赞颂普陀山的诗文书画和摩崖石刻。这些点睛之笔的墨迹，为风景名胜之地的普陀山增添了无穷的魅力。

普陀山多灵岩奇石和摩崖石刻。宋代张邦基《墨庄漫录》记载："……普陀山，去昌国两潮，山不甚高峻。山下居民百许家，以鱼盐为业，亦有耕稼。有一寺，僧五六十人。佛殿上有频伽鸟二枚，营巢梁栋间，大如鸭颊，毛羽绀翠，其声清越如击玉。每岁生子必引去，不知所之。……东望三韩、外国诸山，在杳冥间，海舶至此，必有所祷。寺有钟磬铜物，皆鸡林商贾所施者，多刻彼国之年号。亦有外国人留题，颇有文采者……"《普陀洛迦新志》对此作了转引。

从古至今，世代名人墨客涉足奇峰幽谷，石府洞天，一览群山景物，无不感慨万千，诗情画意，镌于山崖之上。这些绝壁生辉的摩崖石刻，楷、草、篆、隶各体皆有，风格各异。普陀山现存的百余处摩崖石刻，大多是明、清及以后的作品。据初步统计，明代25处，清代10处，近代30余处，其余均无考。在梵音洞、西天门、海天佛国石旁还有藏文摩崖石刻4处。此外，还有当代名家郭沫若、赵朴初、沈鹏、余秋雨、文怀沙、钱绍武及一诚法师等的题刻。

在这些石刻中，论语言，有汉、蒙、藏文；论字体书法，有楷书、行书、隶书、篆书；论内容，有纪事、写景、题名，当然更多是颂扬观音和道场的；论作者，有元代至今文士达人、高僧大德等。在这些石刻中，历史较早的当为白华庵里的"真歇泉"、达摩峰的"瀛洲界"，还有潮音洞的抗倭石刻，规模最大的是高5米、宽7米的西天门"心"字石刻。

普陀山的摩崖石刻是一座文化艺术宝库，它具有很高的史料和艺术价值，为人们提供了历史、地理、宗教、文化、书法、雕刻等方面的参考，对探讨普陀山佛教兴衰，研究我国佛教发展史也有一定价值。许多石刻背后还有美丽动人的传说故事，具有历史和现实的意义。作为一种历史文化，它们与海岛风光相映生辉，流芳千古。

（一）文化元素分解

1. 物质要素

（1）千姿百态的灵岩奇石

普陀山多奇石，古人形容山中岩石"危石若悬，庋石若举，坠石若扶，崩石若斧，成形肖像，不一而足"（乾隆《普陀山志》卷一）。其中最著名的有八大奇石，大都有文字石刻，与普陀山山海林寺背景交相辉映，组成了富有生气的地理景观。一路游来，怪石嵯峨，千姿百态，趣味盎然。

例如，在普陀山西天景区，梅岑峰梅福庵西行不远处，一

片开阔的山顶平台上，有一对看似摇摇欲坠，实则稳如磐石的巨石磐陀石，相传这里就是观音大士的说法处。磐陀石由两个相累如磐的巨石组成：上石呈菱形，高3米、宽7米，形似滚卵；下石高身锐顶，将上石托住。两石顶累处旁空中倚，间隙似可过线，看上去似乎悬空通明的，似无着处，险若欲坠，却稳固如磐，万劫不摇，亿载未动，堪称普陀山一绝，也是天地奇观。"磐陀石"三字为侯继高所书，旁有"金刚宝石""大士说法处""西天""天下第一石"等摩崖题刻，也一起构成了一个摩崖石刻群体。

在普陀山西天景区磐陀石西，五十三参石下端的岩崖上，有两石酷似海龟，一龟蹲踞崖顶，回首顾盼，似有等候之意。岩崖上另一龟缘石直上，昂首延颈，筋膜尽露，一副着急相。两龟的形态极为传神，令游人叹为观止。这就是二龟听法石。在上端有五十三参石，大者侧立百尺，小者相累若卵，纵横拱峙，参差错列，不仅生态各异，而且移步变形，令人有望而生畏，岌岌可危之感。随着晨昏晴雨的交替和晓雾暮霭的变幻，这群奇谲的山岩，也会呈现出浓淡不同的色相。

（2）充满天地灵气与佛国色彩的自然环境

海天佛国山海胜境普陀山，虽然面积仅12.5平方千米，但四面环海，风光旖旎，山石林木、寺塔崖刻、梵音涛声，皆充满佛国神秘色彩。元代书画家赵孟𫖯《游补陀》有诗云："涧草岩花多瑞气，石林水府隔尘寰。"这些傍海观音寺庙的设计和建造，是舟山观音信仰者的一种独特海洋文化创造，把海岛自然环境与主尊观音菩萨寺院、摩崖石刻和谐地相融。

普陀山的摩崖石刻，突现普陀山观音道场的海洋气息，它们大多或临海而建，在潮水拍岸声中诵经礼拜，或依山瞰海而筑，在眺海观潮中礼念救度。如位于香云路著名的"海天佛国"石刻，这四个字高度概括了普陀

胜景的特色，后人以此作为普陀山的代名词，多念作"海天佛国普陀山"。又如"山海大观""听潮"等石刻，倍添普陀山观音信仰文化的海洋文化特色。

普陀山摩崖石刻的书法，可谓凝聚山石之灵气而见于笔端，自然地与周围山色景物相融，从而为山川增添秀色。更能突出海天浩渺、山势磅礴之气象，又十分清幽。例如千步沙摩崖石刻，上书"望海"二字，大海成为其宏阔的背景，海浪激石之声不绝于耳。千步金沙，涛声连绵。来如飞瀑，止如曳练。悠忽之际，震人心魄。摩崖石刻依托环境，勾勒出行者置身自然，超凡脱俗的意境，内涵极为丰富。

2. 精神要素

(1) 博大精深的佛学智慧

普陀山的摩崖石刻蕴含着深刻的佛学哲理与智慧。最为著名的摩崖石刻之一"心字石"，是普陀山最大的摩崖石刻，题刻于西天门下裸露地面的巨岩上，字高5米、宽7米，体大如牛，围广百尺，仅"心"中那一点，即可站七至八人，全字可容百人驻足，蔚为奇观。下有小字："一片婆心，本自明镜，四大乾坤，释子僧宝头陀手作，经理刻石。"题刻年代无考。据传观世音菩萨曾在此石上讲说《心经》。佛家以修心为上，人们到普陀山礼佛，都喜欢到心字石，或绕着心字环行抚摩，或坐在心字中摄影留念，以作对佛诚心或人间情谊的象征。有《心字石》诗云："海山胜迹在西天，一字红心耀眼光。恒作人间功德事，是心即佛量无前。"

普陀山百步沙海滩有一大片岬角伸向水际，俗称狮子尾巴，岬谷上的

巨石名为"师石",其下刻有"形奇怪,俗气绝,耐风雨,质坚洁。能挡怒潮,能磨顽铁。如斯如斯足可师,卓哉米颠拜而悦"的诗句。在苍茫大海的边缘还镌刻有"回头是岸"四个大字,内蕴佛法,使人心生敬畏。

(2)"振兴中华,勿忘国耻"的爱国主义精神

菩提路50号观音洞庵山门西13米一岩石上。有一石刻镌面朝向东南,宽1.2米,高0.9米,高出地面约0.65米。内容为诗一首:"仙源虽可乐,国耻岂能忘。若不师句践,斯宜法少康。"楷体,直书四行,字径0.18米。南侧落款"民国廿二年夏偕三弟骧游此纪念,余江吴迈",字径0.15米。仙源,普陀山;国耻,民国二十年九一八事变;勾践,战国越王,喻卧薪尝胆;少康,夏代君王,史有"少康中兴"。石刻不仅字迹苍劲有力,而且透析出一种不屈的坚韧意志。诗句在赞美普陀仙山美景的同时,号召民众莫忘国耻,学习勾践、少康精神,励精图志,振兴中华,具有深刻的历史意义。

3. 制度要素

高超细腻的镌刻工艺

摩崖石刻绝大多数题刻文字均为楷体阴刻包括行楷。因为从镌刻工艺来说,山崖摩刻不宜草书,唯有楷书才会产生较佳的视觉效果。楷书呈长方形,结构体量比隶书紧密,用笔丰富细腻。楷书风貌端庄、雄壮,能与佛教胜地、山海景色所营造的气氛谐和,表露了书法上的"妙相庄严"。尽管如此,普陀山的摩崖石刻中虽多以楷书为主,但从留存的石刻遗迹来看字体变化多端,各式各样的字体和内容也考验着镌刻者们的技艺。

例如珠宝岭摩崖石刻,共有石刻6款,造像1龛。自南而北依次为:一、"丁巳仲夏黔何备、郑士贤、王文骊同游普陀听潮于此",行书,直书三行,字径约12厘米;二、"崇简习勤",隶书,直书单行,字高0.45米、宽 0.68 米，落款"民国二十一年夏，陇右马福祥题"；三、"中外"，楷体，直书双行，字径 0.33 米，直书单行款介于两字间——"也旦王萝丞题"，镌刻年代不详；四、"四生九有，八难三途，阿弥陀佛"，位于南端上，行楷，直书三行，字径 0.26 米，落款"白云洞顾修刻"，镌刻年代不详（有可能与清嘉庆年间古籍刻本名家顾修有关）；五、藏文六字真言，位于上款下，横书，字径 0.1 米，无落款；六、中文六字真言，位于上款下，直书六行，字径 0.1 米，无落款；七、"佛在现"，位于前款下，横书，字径 0.17 米，无落款；八、石刻造像，位于前款下，龛高 1.03 米、宽 1.08 米、深 0.18 米，中间一佛脸、手被毁，形似施定印，右脚跏趺，左脚下垂踏一瑞兽，两旁各一侍从，面部被毁，左者手握如意杖。众多普陀山摩崖石刻内容复杂，镌刻工艺精妙，名家题刻丰富，价值不菲。

4. 语言和象征符号

（1）气韵流转的书法艺术

摩崖的石质材料是天然的，它与碑石的平滑光洁恰成鲜明对照。摩崖书是比碑刻更趋雄强的一种类型，石面坑洼不平使线条不得不尽量开张以求清晰无误，故又产生摩崖书法那种特定的线条遒劲跌宕的风格特征，它很少取含蓄内敛的态势，却更热衷于向四外扩张。普陀山的摩崖石刻书体点画圆整，端庄秀丽，一撇一捺显得静中有动，飘然欲仙，其雄强浑厚，端庄凝重，沉稳而严整，结构宽博，意态浑成，线条丰满而富于弹性。用笔上多讲究提按顿挫的起伏与律动，在楷书的整饬中融入了明显的运动意识。其字体大多整体方正，气度恢宏，行笔缓滞，富有厚重之力感。摩崖石刻是以气制胜，写出了天风怒涛的壮观。

（2）以观音传说为代表的传奇故事

普陀山摩崖石刻蕴含数不胜数的奇闻传说。关于"心字石"，有"佛试蛇心"的传说。在石头的右上方约 5 米处的峪谷间有一石向外伸展，隐现于草莽荆棘之间，其状酷如蛇头。距此石不远处的西天门西侧又有一石，形肖似蛤蟆，翘首向蛇，坦然自若。传说有一蟒蛇精经观音菩萨指点而得道。一天，观音菩萨在蛇背上放上一只蛤蟆，以试蛇心，可那蟒蛇寂然不动，丝毫没有伤害蛤蟆之意……后来便有人在蛇首左下角平坡巨石上刻了个大大的"心"字，更是妙笔点题，耐人寻味。

又如"观音跳海石"，其名正是来源于一则传说。相传此石为观音菩萨初开普陀山之弘法圣地，从洛伽山一跃而至时的借力之石；又说此石是菩萨眺望大海，反观自身，修证圆通时所踏之石，故又名"观音跳海石"。此石巨大扁平，危悬崖侧，临风而卧，欲坠且止。今仍见有菩萨足印沉陷石面，殊胜非常，为来普陀山信徒必朝观音圣迹之一。

（二）文化元素核心基因提取

基于对材料的全面、深入分析，得出本文化元素的核心基因表述为："充满天地灵气与佛国色彩的自然环境""博大精深的佛学智慧""气韵流转的书法艺术"。

（三）文化元素核心基因评价

评价项目	评价因子	评价依据（特点）	是否
生命力评价	文化基因存续的时间	自出现起延续至今，未曾明显中断	√
		自出现起延续至今，但多次衰微、中断后复兴	
		曾明显衰败，改革开放后开始复活复兴或历史溯源关键环节缺失，难以考证	
		文化形态主体已灭失，现存部分痕迹	
	文化基因的稳定性	在发展过程中保持相当稳定的状态	√
		在发展过程中存在明显的精神内涵、表现形式剧变	
凝聚力评价	文化基因的凝聚力及社会动员效果	曾广泛凝聚起区域群体的力量，显著推动过社会经济文化的发展	√
		曾部分凝聚起区域群体力量，对社会经济文化的发展产生过影响	
		凝聚过力量，创造过实际的发展动能，但未见对社会经济文化发展产生显著改变	
		仅在历史文献或口耳相传中存在，未见实际介入社会经济发展	

续表

评价项目	评价因子	评价依据（特点）	是否
影响力评价	辐射的范围	具有全国性、世界性的影响力	√
		具有长三角区域、浙江省影响力	
		具有市县、乡镇影响力	
	提炼的高度	已经被古代文人士大夫和当代学者提炼为精神符号和理念理论	√
		单纯的样式、造型、工艺技术规范	
发展力评价	与当代精神追求和价值观念的契合	传统文化基因得到创造性转化、创新性发展；区域革命文化基因被完整继承、广泛弘扬；区域社会主义先进文化基因成为与浙江"三个地"相适应的文化高地	√
		部分转化、部分弘扬、部分发展	
		难以转化、难以弘扬、难以发展	

说明：基因特点评价是对解码出来的基因，根据《导则》表2的要求，围绕"四个力"逐一对表打"√"，进行定性表述。

1. 生命力评价

普陀山现存的百余处摩崖石刻，大多是明、清及以后的作品，历经多年风雨，虽稍有残缺，但大体保存完整。以摩崖石刻为载体的"充满天地灵气与佛国色彩的自然环境""博大精深的佛学智慧""气韵流转的书法艺术"这些核心基因自出现起延续至今，未曾有明显的中断，具有顽强的生命力。

2. 凝聚力评价

普陀山摩崖石刻，以充满天地灵气与佛国色彩的自然环境为来源，以博大精深的佛学智慧为内涵，以气韵流转的书法艺术为表现，在根源价值、内容意义、表现形式等多方面都具有强大的吸引力，吸引了帝王将相、名公巨卿、文人墨客、善男信女礼拜观音，曾广泛凝聚起区域群体的力量，显著推动过社会经济文化的发展。

3. 影响力评价

普陀山摩崖石刻不仅具有很高的艺术价值，为人们提供了历史、地理、宗教、文化、书法、雕刻等方面的知识，而且对探讨普陀山佛教兴衰，研究我国佛教发展史而言，也是不可缺少的珍贵资料。它所具有的艺术价值和蕴含的普陀山佛教文化都具有全国性、世界性的影响力。

4. 发展力评价

继2018年完成"舟山市第一批摩崖石刻（嵊泗境内）传拓项目"以后，舟山市文保所又继续对普陀山境内元代以后文物保护等级较高和风化比较严重的17处摩崖石刻和碑刻进行传拓保护。通过各种修复和保护，"充满天地灵气与佛国色彩的自然环境""博大精深的佛学智慧""气韵流转的书法艺术"的核心基因得以持久发展。

（四）文化元素核心基因保存

图文资料

《捍海肃倭　刻石永铭——舟山群岛抗倭摩崖石刻》《普陀山佛教文化》等5项文字资料，《磐陀石》《短姑码头》《海天佛国石》等58项图片资料保存于浙江文化基因解码调查组资料库。

普陀山诗词

海天普陀 普陀文化基因

普陀山诗词

普陀山林幽壑美，山海壮观，奇峰怪石，遍布岗阜，金沙碧波，环绕岛湾，历来建有大小寺院、茅篷200余处，所谓"山当曲处皆藏寺，路欲尽时又遇僧"，被誉为"海天佛国""海外仙山"，是观世音菩萨的道场。

普陀山旖旎的海山美景，自古以来，吸引着无数文人墨客、社会名流和高僧大德。他们登临佛国，面对大好风光，赋诗述怀，抒情咏志。如南宋陆游，多次邀游佛国，在渡口流连忘返，复吟《海山》一绝："补落伽山访旧游，庵摩勒果隘中州。秋涛无际明人眼，更作津亭半日留。"回家后，他还是情系普陀，梦萦海山，赋《梦海山壁间诗不能尽记以其意追补》（四首）、《记九月二十六夜梦》等诗。

20世纪90年代至21世纪初，普陀山僧人、学者奔赴国内各大图书馆，遍览群籍，从宋、元、明、清、民国历代文人的文集、专集、地方志、杂记及报章杂志中整理搜集诗词作品1500余首。这些诗词内涵丰富，题材广泛，有题咏佛国、书赠寺院、赋赠师友、叙事抒怀等多种内容。在形式方面，诗、词、赞、偈、赋、曲等一应俱全，其中以诗为主。作者名家辈出，有唐朝的王勃，两宋的王安石、黄庭坚、袁燮、苏轼、陆游、黄龟年，元朝的赵孟頫、黄溍、黄镇成，明朝的宋濂、文徵明、屠隆、张苍水、张岱，清朝的王士禛、裘琏、袁牧、全祖望、朱绪曾、曹伟皆、姚燮，等等。诗僧则有两宋的曹洞宗祖师真歇和宏智、月磵文明、石屋清珙，元朝的一山一宁、高峰原妙、月江正印、中峰明本、愚庵智及、唯庵德然，明朝的楚石梵琦、憨山德清、履端海观、恕中无愠，清朝的木陈道忞、东皋心越、别庵性统、潮音通旭、鸿昆能仑，民国的敬安（八指头陀）、印光圣量、太虚唯心、德清虚云，等等。

普陀山诗词，是普陀山观音道场独有的文化瑰宝。上千首内容丰富、琳琅满目的诗词之存在，对于提高本山乃至舟山市的知名度和地域文化品位都起到了无可比拟的作用。

（一）文化元素分解

1. 物质要素

风光旖旎的普陀山

风光旖旎的普陀山自古以来为人们所喜爱。相传早在唐代，就有梵僧不远万里前来朝礼潮音洞，亲睹观音示现，授予七色宝石。据宋代赵彦卫《云麓漫钞》记载，宋时山上已有善财洞、菩萨泉、甘露潭、玩月峰、狮子岩、妙应峰、磐陀石等30余处景点。如今名胜古迹遍布全岛，据《普陀洛迦山志》所记，有灵山17处、奇峰18处、神岩16处、奇石40处、洞27处、

石门3处、沙滩4处、礁8处、岙6处、湾5处、岭12处、境4处、洞6处、泉11处、潭2处、井4处、池8处、古桥12处。气势磅礴、波澜壮阔的海岛美景与幽深奇绝的岩壑古树连成一气，加之绮丽的神话传说，共同激发了文士僧侣的才情，为诗词创作提供了物质基础。现存咏景诗多达760余首，其中赋题佛顶山、潮音洞、磐陀石三处景点之诗就多达100余首（仅据《普陀洛迦山志》统计）。

2. 精神要素

（1）庄严肃穆的宗教情愫

普陀山不仅具海山之胜、林壑之美，而且宗教文化底蕴深厚，是名满寰宇之佛国名山。文人名流和僧人题写的诗作中多将佛国灵土的壮丽幽美与观音信仰合一，体现出"海天佛国"独特的山海风光和大士道场之庄严灵奇，成为举世无双的文化瑰宝。

（2）赋诗述怀、抒情咏志的豁达畅意之情

普陀山旖旎的海山美景，自古以来吸引着无数文人墨客、社会名流和高僧大德，他们"递山万里，逾溟渤，犯惊涛"，登临佛国，面对大好风光，赋诗述怀，抒情咏志。如南宋陆游，多次邀游佛国，醉题寺壁，将归，在渡口流连忘返，复吟一绝："补落迦山访旧游，庵摩勒果隘中州。秋涛无际明人眼，更作津亭半日留。"回家后，他还是情系普陀，梦萦海山，赋《梦海山壁间诗不能尽记以其意追补》《记九月二十六夜梦》等诗。

（3）淡泊功名、清心修持的恬淡心境

普陀山诗词中，有不少祖师山居杂咏诗，颇具特色，展现出他们当年居山修持的淡泊心境。如南宋真歇清了禅师之《偈颂》云："路断无依着，空船载月归。力穷忘一色，功尽丧全机。"南宋大川普济禅师之《宝陀三句》云："宝陀一路，来来去去，撞着鳌头，风波无数！"再如元一山一宁国师的《山中四威仪》："山中住，闲踪只

似孤云寓。门前路，草没苔荒浑不顾。客到拨灰分半芋，懒残特地伤盐醋。"清潮音禅师的《山中四威仪》云："山中住，煨紫芋，拾枯柴，不伐长青树。"阅读这些诗偈，让人亲切地感受到历代高僧的高尚情操和清贫生活。

3. 制度要素
偈赞文体

在普陀山众多诗词中，有一种形式与诗歌相似的文体，叫"偈"，又作"伽陀""偈陀"，意译"偈颂"或"颂"，一般以四句为一偈，这种诗体文字散见于经、律、论之中。这类偈不在少数，有南宋真歇清了禅师《偈颂》（十首）、南宋大川普济禅师《宝陀三句》、元朝一山一宁国师《山中四威仪》等。

另有一种文体叫"赞"，常用于赞颂人物等，一般有韵。如明朝释传灯的《礼观音大士赞》、明朝释德清的《普陀观音大士赞》等。

4. 语言和象征符号
（1）观音赞颂诗

此类诗赞，常将观音菩萨济贫拔苦的神格、慈悲妙丽的形象与普陀山幽美的海山风光融为一体。如唐朝王勃《观音大士赞》曰："向乾坤东畔娑竭海中，云涛涌金色之山，圣阁起琉璃之界。巍巍宝座，凝然居自在之身；荡荡慈容，皎若现白衣之相。"观音大士"身挂云罗素服，藕丝织而色映寒霜；体严璎珞同心，衣缕盘而丽晶皓雪"。观音大士"眉横纤黛，如海门之秋月初弯；目绀重瞳，似水面之青莲乍秀。齿排珂玉，舌莹紫檀。丹珠一点艳频婆，两脸朦胧匀琥珀"。

（2）胜景题咏诗

题咏"海天佛国"的诗是本山诗词之主体，如王安石、陆游、赵孟𫖯、黄溍、黄镇成、文徵明、屠隆、张苍水、

张岱、裘琏等名家均在普陀留有著作。陆游的"海山万峰郁参差，宫殿插水蟠蛟螭""碧海无风镜面平，潮来忽作雪山倾""要知壮观非尘世，半夜鲸波浴日红"，写出了山岛惊涛翻腾的磅礴景象；其他如"九天波浪随星客，万壑鱼龙觑水王"（黄镇成），"浪推旭日排天出，风静凉蟾照影空""天浮岛屿云帆乱，殿压鼋鼍雪浪春"（屠隆），"邀僧施食龙窥钵，挂杖看云蜃结楼"（叶舜臣）等，真实地描绘了普陀岛波澜壮阔的海山奇观和环境幽绝的佛国景象。值得一提的是，其中有不少描述我国与海外交往的诗篇，如明代董光宏的"波涌山势摇，日蒸海气赤。境内万里舟，域外三韩舶"，记下了当年诗人目睹来自朝鲜半岛、日本等地的雄商巨舶，皆由此取道之盛况。

（3）叙事述怀诗

叙事述怀诗，主要是送别师友、山居咏怀、记赋山上重大事件等。如北宋苏轼的《送冯判官之昌国》、王安石的《咏菊二首》、宏智正觉禅师的《航海之宝陀访真歇师兄》，元代吴莱的《海东洲磐陀石上观日赋》，明牧云和尚的《补陀山舍利颂》、范允临的《朗彻禅师剪鉴池赞》等，极具史料价值。

（4）馈赠诗

历代馈赠诗，如明傅光宅《过海潮赠大智禅师》等，总数在百首以上，史料价值和艺术成就极高。

（二）文化元素核心基因提取

基于对材料的全面、深入分析，得出本文化元素的核心基因表述为："庄严肃穆的宗教情愫""赋诗述怀、抒情咏志的豁达畅意之情""淡泊功名、清心修持的恬淡心境"。

（三）文化元素核心基因评价

评价项目	评价因子	评价依据（特点）	是否
生命力评价	文化基因存续的时间	自出现起延续至今，未曾明显中断	√
		自出现起延续至今，但多次衰微、中断后复兴	
		曾明显衰败，改革开放后开始复活复兴或历史溯源关键环节缺失，难以考证	
		文化形态主体已灭失，现存部分痕迹	
	文化基因的稳定性	在发展过程中保持相当稳定的状态	√
		在发展过程中存在明显的精神内涵、表现形式剧变	
凝聚力评价	文化基因的凝聚力及社会动员效果	曾广泛凝聚起区域群体的力量，显著推动过社会经济文化的发展	√
		曾部分凝聚起区域群体力量，对社会经济文化的发展产生过影响	
		凝聚过力量，创造过实际的发展动能，但未见对社会经济文化发展产生显著改变	
		仅在历史文献或口耳相传中存在，未见实际介入社会经济发展	

续表

评价项目	评价因子	评价依据（特点）	是否
影响力评价	辐射的范围	具有全国性、世界性的影响力	√
		具有长三角区域、浙江省影响力	
		具有市县、乡镇影响力	
	提炼的高度	已经被古代文人士大夫和当代学者提炼为精神符号和理念理论	√
		单纯的样式、造型、工艺技术规范	
发展力评价	与当代精神追求和价值观念的契合	传统文化基因得到创造性转化、创新性发展；区域革命文化基因被完整继承、广泛弘扬；区域社会主义先进文化基因成为与浙江"三个地"相适应的文化高地	√
		部分转化、部分弘扬、部分发展	
		难以转化、难以弘扬、难以发展	

说明：基因特点评价是对解码出来的基因，根据《导则》表2的要求，围绕"四个力"逐一对表打"√"，进行定性表述。

1. 生命力评价

在普陀山上，历代文人僧侣在此留下了大量的诗词赞偈，成为此地独特的文化艺术瑰宝。千余年后，散载在宋、元、明、清、民国五代文人的文集、专集、地方志、杂记及报纸杂志中的诗词，于1990年被搜集编纂，在《普陀山志》中得以整合重现。因此，普陀山的核心基因得到了传承和发展，纵观历史，其自出现起延续至今，未曾明显中断，且在发展过程中保持相当稳定的状态。

2. 凝聚力评价

普陀山的旖旎风光和观音大士道场之庄严灵奇为普陀山诗词的形成发展提供了强大的物质和文化基础。它不仅具海山之胜、林壑之美，而且是名满寰宇之佛国名山，为诗人孕育诗歌提供了一方宝地。许多名家，如王安石、陆游、赵孟𫖯、文徵明等，畅游佛国，感悟灵迹，为我们留下了数以千计的优美篇章。因此，普陀山诗词的核心基因曾广泛凝聚起区域群体的力量，显著推动过社会经济文化的发展。

3. 影响力评价

"五朝恩赐无双地，四海尊崇第一山"概括了普陀山一千多年来受到历代帝王和海内外信众崇仰之史实。由于在我国航海史上特殊的地理位置和地貌环境，普陀山成为古代朝鲜、日本以及东南亚各国船舶出入我国的必经之地，各国商船在此候风候潮和祈祷航海平安，至今山上留有高丽道头、新罗礁等遗迹。普陀山诗词也以此为基础开展创作、传播，其影响力随着观音文化的弘扬而扩大，形成了全国性、世界性的影响力，被古代文人士大夫与当代学者提炼为精神符号和理念理论。

4. 发展力评价

如今，普陀山已经成为五大洲信众和游客向往的朝山览胜之地。春秋时节，度假佳日，游人如织，香客若潮。近年来，普陀山相继举办了"观音文化节""世界佛教论坛"，使"海天佛国"名满寰宇，获得了国家级"安全山、文明山、卫生山"、首批国家重点风景名胜区、国家AAAAA级旅游景区、全国旅游消费者权益示范单位、最佳十大休闲旅游景区、ISO 14000国家示范区等荣誉称号。在此背景下，普陀山诗词文化也具备良好的发展前景，其核心基因与当代精神追求和价值观念契合，具有创造性转化、创新性发展的前景。

（四）文化元素核心基因保存

文字资料

出版物有《普陀山志》《普陀洛伽山志》《观音传说》《普陀山诗词全集》等。

普陀山楹联

海天普陀 普陀文化基因

普陀山楹联

楹联一般是指悬挂或粘贴在壁间柱上的联语,又称"对联"。对联讲究对仗工整,平仄协调,是汉语独特艺术形式。千百年来,这一艺术形式在佛教寺院得到了充分的继承和发展,连同传统建筑艺术、雕塑艺术等合而成为中国佛寺艺术中不可或缺的重要组成部分。

佛教圣地普陀山为观音道场,集山海大观。千余年来,名流毕至,雅士不绝,所撰所书的佛教楹联或题于纸,或刻于木,或镌于石,较为著名的有:

普济禅寺正山门楹联："五朝恩赐无双地；四海尊崇第一山。"

普济禅寺大圆通殿楹联："南海潮声，水月流光环佛地；普陀山色，松筠耸翠蔽禅天。"

普济禅寺藏经楼前楹联："云起慈门，救苦寻声磁吸铁；波腾愿海，现身说法月印池。"

慧济禅寺大雄宝殿楹联："暮鼓晨钟，与佛有缘，成无上道；松风水月，问天无愧，是大菩提。"

法雨禅寺千手观音殿楹联："花凝宝盖皈真相；云拥祥轮现化身。"

法雨禅寺九龙殿楹联："说大悲行门，令法界有情，彻悟圆通妙性；作苦海慈航，使普天含识，远离恐怖厄难"

洛伽山大悲殿楹联："性海波澄，静涵功德水；福林荫溥，妙诵吉祥云。"

南海观音功德厅楹联："海天驾慈航，相现莲花千层浪；佛国留胜迹，手执法轮万象春。"

普陀山佛教文化历史悠久，源远流长，楹联是其中重要的组成部分和表现形式。普陀山楹联源于其壮美的山海自然环境和深厚的观音文化底蕴，因此，遍布全岛的典雅精巧的佛教建筑上多有楹联，体现出历代文人墨客、名僧大德游览佛国胜境时的愉悦心情、规劝修佛之思想以及民众对观音的敬仰之情。

如今，人们来到普陀山，看到令人流连忘返的不仅是美景，往往还有佳联。这种独具民族特色的形式，一旦包含了佛教思想，便更增添了令人一唱三叹、回味无穷的魅力，成为世界文明宝库中的明珠。

（一）文化元素分解

1. 物质要素

(1) 山海兼胜、水天一色的自然环境

古人言："以山而兼湖之胜，则推杭州之西湖；以山而兼海之胜，当推舟山之普陀。"普陀山四面环海，金沙、奇石、洞壑、潮音、幻境浑然一体，幽幻独特，山海兼胜，水天一色。同时，普陀山与五台山、峨眉山、九华山合称为中国四大佛教名山，是著名的佛教圣地，素有"海天佛国"的美誉。秀美壮丽的自然环境吸引了文人墨客、名僧大德前来，促进了楹联的

创作发展。

（2）典雅精巧的佛教建筑

普陀山佛教鼎盛，寺塔建筑数量极多，也为众多楹联提供了载体。普济禅寺、法雨禅寺、慧济禅寺、南海观音供奉建筑群、紫竹林庵、潮音洞、杨枝禅院、梅福禅院、观音洞庵、圆通禅院等建筑门厅多有楹联，大多精练优美，佛韵深远。

2. 精神要素

（1）游览佛国胜境的愉悦心情

普陀山楹联中，有的描绘了海天佛国的美丽景观，体现作者畅游其中的愉悦心情。如佛顶山石坊楹联："补怛洛迦，遍山清静，云雾独秀佛顶峰；莲花海洋，全面碧波，光明洞澈琉璃界。"洛伽山大悲殿楹联："洛伽山千佛光照古刹神宫；莲花洋万顷潮涌仙山圣境。"普济禅寺楹联："五朝恩赐无双地；四海尊崇第一山。""钟声出树间，古刹重修留胜迹；帆影来天外，名山依旧接游人。""樟树似游檀，云蔚丛林如画里；佛门盈瑞气，深藏三宝此山中。""古樟清隐，夜凉疑有雨；宝鼎香馥，院静扬天

花。""松风鸟语清；花雨禅心寂。"法雨禅寺楹联："天华降锦屏，九龙宝殿腾光辉；法雨润灵鹫，白华山上显感应。"

（2）规劝修佛之思想

普陀山楹联中，有不少是规劝民众修行佛法的。如普济禅寺楹联："暮鼓晨钟，惊醒世间名利客；经声佛号，唤回苦海梦迷人。""佛德宏深，广度众生当度我；世情崎岖，不念弥陀更念谁。""淡泊葆天真，冰心不染尘；江南春信到，雪里见精神。"观音洞庵楹联："做人要持公道，时时及时为善；修行不在多言，念念常念观音。"慧济禅寺楹联："暮鼓晨钟，与佛有缘，成无上道；松风水月，问天无愧，是大菩提。"隐秀庵楹联："待人总要真面目；处世何妨大肚皮。"

（3）民众对观音的敬仰之情

普陀山楹联中有不少表达了民众对观音的敬仰和赞颂之情。如普济禅寺大圆通殿楹联："十二愿普济群萌，千处祈求千处应；廿五有同生景仰，万邦有感万邦灵。"法雨禅寺九龙殿楹联："说大悲行门，令法界有情，彻悟圆通妙性；作苦海慈航，使普天

含识,远离恐怖厄难。"

3. 语言和象征符号

(1)吉祥高贵的数字意象

在普陀山的庙宇楹联中,数字出现频率极高,具有丰富的内涵。据统计,各个数字在所有楹联中出现了六十多次,其中具有佛家典型意义的数字概念分别是"十二愿""廿五有""三惑""五蕴""六道""九品华""四知""八德池""七宝阶""七步莲""三途八难""四生九有"等。如悬于法雨禅寺的往生堂内"八德池中,莲开九品之华;七宝阶前,佛授一生之记",联中的"八德池"指的是盛满八种殊胜功德的池子,"莲开九品之华"指极乐世界盛开着九个等级的莲花。此外,还有"三途""八难""九有"等等。在古代中国,数字不仅仅是数量的代表,也体现了哲学思想。比如"一"是汉语中最基本的数词,被赋予了万物之祖、万事之源的意思;"九"是基数中的最高数,与长久的"久"谐音,所以便被赋予了吉祥如意、平安久远的民俗文化内涵。在佛语中,数字九也有高贵、尊显的含义。

(2)威武祥瑞的动物形象

普陀山楹联中出现了大量的动物意象,如"狮""龙""象""鹫""鹤"等,多为威武神勇、极具灵气、有祥瑞之意。如"发聩震聋,暗夜常温狮子吼;脱尘涤虑,明心且读般若经"中,"狮子吼"常喻佛教威神,声震十方。"隐晏林泉,大士门庭培净业;秀毓龙象,智者家风鸣法螺"中,"龙象"原指象之中殊胜者,这里喻指菩萨之威猛能力。在佛典中,"龙象"一词常用来形容、赞美菩萨或者高僧。再如悬于紫竹林卧佛殿前的"鹿苑转轮,机熟圣应成觉道;鹤林示寂,薪尽火灭返本源"中,"鹤林"指释迦牟尼于娑罗双树间入灭时,树顿时开花,林色变白,如众多仙鹤到此群居,故云"鹤林"。

(3)庄严绝妙的植物形象

普陀山楹联中出现最多的植物形象是"莲""曼陀罗""菩提树"。如"看曼陀花庄严绝妙;证菩提树色相皆空"一联悬于普济禅寺的藏经楼前,其中的"曼陀花"为四种"天华"之一。《法华玄赞》中记载:"曼陀罗华者,此云适意,见者心悦故。"另外,"菩提树"形象也极多。此树原称钵多,意译为吉祥、元吉。藏传佛教里有关微观宇宙的模型叫"曼陀罗",在佛经中,曼陀罗花就是"适意"的意思。此外,代表着佛陀、佛国、佛性、佛法的莲花意象也极多。"七步莲花,天上天下唯我独尊;八相示现,娑婆世界成等正觉"一联就是处于慧济禅寺的碑廊石联,由戒忍法师书。"七步莲花"取自释迦牟尼降生时,脚踩莲花行七步的佛教典故。莲花有着浓郁宗教精神内蕴,突出了佛教的神圣,成为一种负载着佛教抽象意义的宗教象征物。

（二）文化元素核心基因提取

基于对材料的全面、深入分析，得出本文化元素的核心基因表述为："山海兼胜、水天一色的自然环境""民众对观音的敬仰之情""规劝修佛之思想"。

（三）文化元素核心基因评价

评价项目	评价因子	评价依据（特点）	是否
生命力评价	文化基因存续的时间	自出现起延续至今，未曾明显中断	√
		自出现起延续至今，但多次衰微、中断后复兴	
		曾明显衰败，改革开放后开始复活复兴或历史溯源关键环节缺失，难以考证	
		文化形态主体已灭失，现存部分痕迹	
	文化基因的稳定性	在发展过程中保持相当稳定的状态	√
		在发展过程中存在明显的精神内涵、表现形式剧变	
凝聚力评价	文化基因的凝聚力及社会动员效果	曾广泛凝聚起区域群体的力量，显著推动过社会经济文化的发展	√
		曾部分凝聚起区域群体力量，对社会经济文化的发展产生过影响	
		凝聚过力量，创造过实际的发展动能，但未见对社会经济文化发展产生显著改变	
		仅在历史文献或口耳相传中存在，未见实际介入社会经济发展	

续表

评价项目	评价因子	评价依据（特点）	是否
影响力评价	辐射的范围	具有全国性、世界性的影响力	√
		具有长三角区域、浙江省影响力	
		具有市县、乡镇影响力	
	提炼的高度	已经被古代文人士大夫和当代学者提炼为精神符号和理念理论	√
		单纯的样式、造型、工艺技术规范	
发展力评价	与当代精神追求和价值观念的契合	传统文化基因得到创造性转化、创新性发展；区域革命文化基因被完整继承、广泛弘扬；区域社会主义先进文化基因成为与浙江"三个地"相适应的文化高地	√
		部分转化、部分弘扬、部分发展	
		难以转化、难以弘扬、难以发展	

说明：基因特点评价是对解码出来的基因，根据《导则》表2的要求，围绕"四个力"逐一对表打"√"，进行定性表述。

1. 生命力评价

佛教圣地普陀山为观音道场，历来集山海大观，千余年来名流毕至、雅士不绝，所撰所书的佛教楹联或题于纸，或刻于木，或镌于石，其琳琅风采，令人心醉神往。虽然历史上的普陀山几经"海禁"等历史事件创伤，楹联作品有不少损坏遗失，但经过学者、僧侣的搜集整理，如今依然留存了大量的优秀楹联作品，其三大核心基因自出现起延续至今，中断后复兴，且在发展过程中保持相当稳定的状态。

2. 凝聚力评价

普陀山寺庙众多，每座寺庙中都留下了许多楹联，极大地丰富了普陀山佛教文化和地域文化的内涵，深化其底蕴，体现出楹联极大的审美性和佛学思想。同时，纵观普陀山各个寺庙的楹联，它们还折射出许多具有舟山特色的佛文化。可见，普陀山楹联在很大程度上凝聚起了区域群体的力量，显著推动了当地社会经济文化的发展。

3. 影响力评价

普陀山的楹联艺术历史起步早，影响深远。它伴随着普陀山佛教文化的传播，在我国得到了充分的继承和发展，后来连同传统建筑艺术、雕塑艺术等合而成为中国佛寺艺术中不可或缺的重要组成部分，对日本、韩国以及东南亚国家的佛寺楹联也产生了影响。因此，普陀山楹联的核心基因具有全国性、世界性的影响力，已经被古代文人士大夫和当代学者提炼为精神符号和理念理论。

4. 发展力评价

近年来，普陀山管委会和佛教协会积极修复寺院，整修景点，改善公路码头、供水供电、邮电通信设施，绿化山林，足以应对每年接待数百万朝山香客和游客，带动了普陀山岛、朱家尖、沈家门乃至浙东一带旅游事业不断振兴。由此，普陀山佛教欣逢盛世，出现了百年未有的大好局面。普陀山重教育、重人才，为中国佛教的未来积蓄了新生力量。在此大背景下，普陀山楹联也得到了社会各界的关注。同时，楹联中的核心价值观念多与当代精神追求和价值观念相契合，因此具备创造性转化、创新性发展的潜力。

（四）文化元素核心基因保存

图文资料

《普陀山楹联作品》等 28 项图片资料，《普陀山志》《普陀山妙联赏析》《普陀楹联赏析选载》等文字资料和出版物保存于浙江文化基因解码调查组资料库。

"浙江文化基因丛书"后记

浙江濒海多山，古为百越之地，地少民贫。先民断发文身，披荆斩棘，筚路蓝缕，艰苦创业，卧薪尝胆，徐图自强，始稍为中原所识。山海情怀，越地长歌，独特的地理人文环境孕育出浙江艰苦奋斗、励精图治、百折不挠、勇攀高峰的地域文化性格和兼容并包、发展创新的人文精神。因以鸟虫篆、《越人歌》为表征的楚越文化交融和徐偃王流亡越地、勾践北上争霸等历史事件的发生，越地逐渐融入中原文明。及至东晋衣冠南渡，中原贤良缙绅避乱会稽，兰亭雅集、永嘉诗会，王谢风流所及，中原文化和越文化相互碰撞融合，这片神奇的土地在吸收大量中原先进文化基础上，生发出更多独具特色、丰富璀璨的文化颗粒，散点分布于浙江的山山水水之间。

隋唐以降，一条大运河通到钱塘，凡所流经之县域，皆成人文渊薮。浙东唐诗之路，如明珠嵌璧；越窑青瓷，千峰翠色风靡长安。浙江依托这条水上"高速公路"迅速崛起，在经济高效快速地融于全国的同时，也向全国展现了别样精彩的浙江文化，对中原产生巨大影响。唐末五代中原战乱之际，吴越国钱王保境安民，举世惶惶而越地独安，浙江又一次成为全国士子避祸传学之地，浙江的原生文化和中原文化水乳交融，极大地提高了浙江的人文学术水平。及至南宋定都临安（今浙江杭州），孔裔迁衢，杭州乃至浙江逐渐成为中华文化传承发展中心、全国的文化学术高地。有元一代，人文日渐凋敝，而浙江独领风骚。湖州赵孟頫成为有元一代赓续中华文脉之砥柱。赫赫有名的"元四家"，黄公望（常熟人，曾隐居富春）、王蒙（湖州人，曾隐居临平）、吴镇（嘉兴人，曾卖卜钱塘）、倪瓒（无锡人，曾浪迹太湖）在学习传承赵孟頫的文化艺术精髓基础上，各显其能，自成面目，为传承发展中华文化艺术作出了卓越贡献。明清以来，浙江士林，更为全国翘楚，文化勃兴，领袖群伦。浙江文脉渊深，有容乃大，继承发展，才俊迭起。事功之学、阳明心学、浙东学派、南戏越剧、《古文观止》、丝瓷茶剑、西泠印社、兰亭雅集等，更是中华文化中耀眼的明珠。浙东音声，渐如潮涌；黄钟大吕，照灼云霞。

晚清时期，中华危亡。辛亥鼎革，浙江文化所孕育的优秀儿女更是为中华千古未有之变局作出了重要贡献，秋瑾、徐锡麟、蔡元培、章太炎、鲁迅等，允文允武，可歌可泣，数不胜数。为全面赶上世界发展，全省各地掀起了重视文教事业、培养人才、发展经济的高潮。各类藏书楼、图书馆、新式院校纷纷创设，浙江人又一次发扬卧薪尝胆、奋力赶超的浙江精神，使浙江成为当时全国省域文化发达、人才众多的省份。

新中国成立后，浙江人励精图治，无论干部还是群众，都本着务实精神，立足现状，踔厉前行。即便在"文革"时期，浙江的经济、文化发展水平都显著好于其他兄弟省市，这和浙江人文内核的务实精神和文化基因的原生动力息息相关。改革开放以来，浙江更是勇做弄潮儿，充分发挥"四千精神"，培养人才，发展经济，以全国陆域较少、自然资源缺乏的省份，一举成为名列前茅的文化大省、经济强省。

历数千年，浙江以落后的山林草野原生文化，不断与吴楚和中原文化交融互鉴，融合创新，发展壮大，绝非历史偶然。浙江以其独特的文化基因和历史面貌正引起国内外专家学者的广泛兴趣，以期通过对浙江文化的研究来更好地理解中华文明，为中华文明的伟大复兴寻径探源，通过解析全省多点、散点分布的各类文化颗粒和文化价值观、文化形态、文化载体，系统研究、条分缕析在地文化基因和独特的文化原动力。构建中国文化基因理念体系，挖掘文化遗产背后蕴含的哲学思想、人文精神、价值观念、道德规范，是一项新课题、新任务。浙江在推动高水平文旅融合、建设共同富裕示范区的进程中，以解码文化基因为切入点，为构建中国文化基因理念体系提供地方经验。

研究浙江文化基因，就是对披着传统文化外衣的各类庸俗低俗的迷信活动加以甄别，科学分析，正本清源。以挖掘、激活浙江的优秀文化基因为抓手，推进文旅深度融合；有机整合乡村文化礼堂、农家书屋、场馆院团、城市书房等城乡文化资源，丰富群众文化活动。拓展新型公共文化空间，持续推动优质文化资源直达基层。为人民群众创造一个良好的文化大环境，强化文化自觉和文化自信；为浙江文化高质量传承发展厘清路径，为新时代浙江发展优秀的社会主义先进文化打好基础。文化兴则国运兴，文化强则民族强。文化基因的研究以及激活应用是浙江建设文化强省的重要切入点，是民智之本、百年大计。

我们要深入学习贯彻党的二十大精神和习近平文化思想，全面挖掘和激活浙江文化基因，推动新时代中国特色社会主义文化建设。以高质量发展为目标、融合发展为重点，紧扣激活优秀文化基因、提供优秀文化产品这个中心，厚植浙江经济社会发展文化软实力。

2024年1月，全省宣传思想文化工作会议提出，要全面贯彻习近平文化思想。浙江作为文化大省，肩负起新时代文化使命，在优秀传统文化的传承发展领域开展了积极的探索。我们要不断学习贯彻习近平总书记关于中华优秀传统文化的重要论述和关于文明交流互鉴的重要论述，让文化基因的研究成果走入校园、走进课堂，成为鲜活的爱国主义教育载体、生动的"课程思政"教育实践、开放的当代青少年国际视野素养培育抓手。将浙江文化基因研究成果制作成微视频"浙江文化基因"课程（双语），通过教育信息技术实现从碎片到整体、从实地到课堂、从单一到系列的MOOC/SPOC转换，实现浙江文化基因在青少年群体中的代际传递，助力文化基因融入当代、植根青年，实践出一条富有浙江特色的文化传承发展新路径，为中国"培养社会主义建设者和接班人"这一宏伟目标服务。

  若有所成皆非易，凝心聚力要躬行。各地课题组在当地乡土专家和各地高校文史专家的鼎力协助下，进深山到大海，调研足迹遍布海澨山陬。通过田野调查、走访座谈、查阅历史卷宗、参考海量文献，历时五年形成的研究成果，凝聚了全省各地众多专家学者和乡土文化耆老的心血，他们为浙江的文化事业作出了很大贡献。致敬他们文化溯源的热忱，学习他们极深研几的精神，真诚感谢他们无私奉献的情怀。由于篇幅有限，涉及面广，无法一一详列参与者，在此一并致谢！

吴　越
甲辰年秋于杭州